कमला शर्मा

First Published in April 2022

**ISBN:** 978-93-93809-21-6

**BLUEROSE PUBLISHERS**

www.BlueRoseONE.com

info@bluerosepublishers.com

+91 8882 898 898

**Cover Design:**

Aveek

**Typographic Design:**

Tanya Raj Upadhyay

**Distributed by:** BlueRose, Amazon, Flipkart

# अनुक्रमणिका

# ज़िन्दगी एक सफ़र

इतने दिनों से घर के अंदर रहने के कारण पिछली बातें याद आ रही हैं। हर तीन साल में ट्रान्सफर होना और नयी जगह नये लोगों से मिलना... लम्बी-लम्बी यात्रा करना , कितने अच्छे दिन थे, कितनी बेपरवाही थी ..न बिसलेरी बॉटल न यहाँ वहाँ के खाने में कोई परहेज सब कुछ बहुत सहज, सरल था।

उन दिनों सबसे सुंदर लगता था ट्रेन से सफ़र करना और ट्रेन के सफ़र से भी अच्छा लगता था ,प्लेटफार्म में घंटों बैठे रहना यदि ट्रेन दस बारह घंटे लेट हो तो मैं बहुत ख़ुश हो जाती थी। प्लेटफार्म में कदम रखते ही एक अनोखी अनुभूति होती थी ..मानसिक संसार एकदम बदल जाता , सामान को तुरन्त वेटिंग रूम में रखकर मेरे पैर बाहर की ओर मुड़ते..सबसे पहले इधर-उधर घूमती चारों तरफ़ देखती, कितनी रेलें रुकी हैं ,कितनी जाने वाली हैं और कितनी आ रही हैं..फिर सुनती माइक से आ रही आवाज़, जानती कि हमारी ट्रेन कितने घंटे में आएगी।

अब मैं कोई खाली स्थान बैठने के लिये देखती फिर बड़े इत्मीनान से वहाँ बैठ जाती , आस-पास और भी लोग बैठे होते ...उनमें से कुछ तैयार खड़े होते जैसे ही उनकी गाड़ी आती ,उनमें खलबली सी मच जाती सब टिकट देखते अपना डिब्बा खोजते ..जितनी जल्दी हो सके बैठने का प्रयत्न करने लगते , कुछ देर में रेल अपने गंतव्य की ओर कदम बढ़ाने लगती।

फिर उधर से एक और गाड़ी धीमी गति से चलती हुई आती ..थोड़ी देर में रुक जाती ...उसके लोग उतरते , उतरने की शीघ्रता सब को थी कोई कुली को आवाज़ लगाता कोई अपना सामान स्वयं उतारता , जल्दी ही सब उतर जाते ...लोगों की भीड़ जैसे कि कोई मेला हो, मुझे लगता इस मेले में कोई छूट तो नहीं जाएगा।

ये सिलसिला मैं देखती रहती जब जितना टाइम मिलता उतना देखती ... देखती ही रहती।

एक बार हमारी ट्रेन चौबीस घंटे लेट थी ..मैं पूरे समय गाड़ियों का आना , जाना, रुकना और भीड़ देखती

रही,मन में तरह-तरह के विचार आते ..कभी ख़ुश होती कभी उदास, कभी मन कहीं भटक सा जाता , कभी लगता जैसे सारे रास्ते बंद हो गये , कभी लगता सारे रास्ते मिल गये , घंटों इसी उधेड़बुन में लगी रहती।

ख़यालों की दुनिया में खोयी, मैं अंततः यही सोचने लगती कि ये जीवन एक सफ़र है ..ये संसार एक प्लेटफार्म ...हम सब यात्री ..कोई आ रहा है कोई जा रहा है , ये सिलसिला चलता रहेगा यूं ही सदा...।

ऐसे ही विचारों में, खोयी थी कि मैंने देखा मेरे बग़ल में एक स्त्री बैठी है बड़ी उदास , कभी-कभी अपनी आँखें भी पोंछती रहती है। वो धीरे- धीरे रो रही थी। लगता है उसने बहुत दिनों से कंघी नहीं की थी ...साड़ी भी सिलवटों से भरी थी , देखने से वो पढ़ी-लिखी अच्छे घर की महिला लगती थी। वो अकेले थी , उसके आस-पास कोई न था। मेरा मन बार-बार उससे बातें करने को

होता किन्तु संकोच के कारण चुप रह जाती। आख़िर मुझसे रहा न गया मैं उसके अधिक पास हो गयी और बोली,

"आप बहुत परेशान सी लग रही हैं , क्या मैं आपकी कुछ सहायता कर सकती हूँ ? मुझे एक दोस्त समझना।"

स्त्री ने आँखें उठाकर फिर झुका ली , कहा कुछ भी नहीं। मैं चुप न रह सकी फिर बोली,

" आप कुछ तो बताइये हो सकता है मैं आपकी कुछ सहायता कर सकूँ।"

वो चुप रही मैंने बार-बार कहा , उत्तर में वो अपना चेहरा छुपा लेती थी। मुझसे रहा न गया , मैंने तनिक और समीप जाकर उसका हाथ थाम लिया ...फिर क्या था उसकी आँखों से सावन-भादो की झड़ी लग गयी , वो फूट-फूट कर रोने लगी। अभी तक जो कठोर चट्टान सी दिख रही थी ...सहसा उस चट्टान से हज़ारों झरने फूट पड़े।

फिर धीरे -धीरे वो कहने लगी ,

"मुझे नहीं लगता अब इस संसार में कोई मेरी सहायता कर सकता है। मेरा जीवन उस गहन अँधेरी रात के समान है , जिसके आकाश में न चाँद है , न तारे हैं , न बादल हैं...इस अँधेरी रात की कोई सुबह नहीं है दीदी। "

"हर रात की सुबह होती है ..तनिक धीरज धरो ..मुझे बताओ तो सही तुम्हारे साथ ऐसा क्या हुआ है? "

" ठीक है दीदी मैं सुनाती हूँ अपनी कहानी , फिर आप बताइए कि क्या सुबह फिर हो सकती है ?"

अब उसने शुरू की अपनी कहानी, वो कहने लगी।

मैं एक स्कूल में पढ़ाती थी, पढ़ने-लिखने में बहुत अच्छी थी इसीलिए एम.ए. बी.एड करने के पश्चात मुझे तुरन्त एक अच्छे पब्लिक स्कूल में अध्यापन का कार्य मिल गया था। परिवार भी हर दृष्टि-कोण से सम्पन्न तथा सुखी था।

मेरा जीवन भी अनेक महत्वाकांक्षाओं के साथ अपने हर कार्य को पूरी तल्लीनता से करता हुआ , हसीन सपनों की ख़ूबसूरत वादियों में विचरण कर रहा था। तभी एक दिन मेरे नाम एक पत्र आया , पत्र किसी अनजान लड़के का था किन्तु वो अनजान लड़का मुझे जानता था ...ऐसा उसने लिखा था। मैंने उस पत्र को अधिक अहमियत नहीं दी ...हाँ उसने लिखा था कि वो मेरे आने जाने के रास्ते में जो गुलमोहर का पेड़ था उसी के नीचे मुझे देखने के लिये मेरा इंतज़ार करता है। गुलमोहर का पेड़ मेरे घर से दस ,बीस, मिनट की दूरी पर था।

जब से मुझे वो ख़त मिला तब से मैं गुलमोहर के पेड़ को अनदेखा करके आगे बढ़ जाती , उस पेड़ के पास पहुँचते ही मैं अपनी चाल बढ़ा देती पर एक युवक वहाँ खड़ा होता जो न चाहकर भी मुझे दिख जाता। बहुत दिनों तक ऐसे ही चलता रहा,न मुझे उसमे रुचि थी न वो अपनी दिनचर्या बदलता था , सोचती इसे कुछ कह दूँ ....फिर सोचती क्यों कहूँ , मैं भी देखती हूँ इस मजनू को ...आख़िर कब तक प्रतीक्षा करेगा। मजनू का एक नाम था निसर्ग , वैसे नाम बहुत सुन्दर था उसी की तरह मगर मेरे मन में इन चीजों के लिये कोई आकर्षण न था।

मुझे बहुत सी परीक्षाएँ देनी थी ...कुछ बन जाने तक अर्जुन की तरह एकाग्रता... सिर्फ अध्ययन।

फिर एक दिन एक अजीब सी घटना हुई मैं जब गुलमोहर के पेड़ के पास से गुज़र रही थी कि एक मोटर साइकिल ने मुझे टक्कर मार दी, मैं रोड पर गिर गयी, शायद मैं होश में नहीं थी , होश आया तो अपने को अस्पताल के बिस्तर पर पाया। मेरे सामने निसर्ग था मुझे समझ आ रहा था कि क्या हुआ है ...होनी तो होकर ही रहती है। अब एक नये अध्याय का प्रारम्भ होने जा रहा था तभी निसर्ग ने कहा,

"आप अपने घरवालों का नंबर दे दीजिए , मैं उन्हें सूचित करना चाहता हूँ।"

मैंने सबसे पहले उसे धन्यवाद कहा, फिर अपने पिता का नम्बर उसे दे दिया। बहुत ज्यादा चोट नहीं लगी

थी , घरवाले आये और मुझे ले गये ...घर तक पहुँचाने निसर्ग भी आया था। मेरे माता-पिता ने उसके प्रति कृतज्ञता प्रकट की ...साथ में उसकी बहुत तारीफ़ भी की।

अब निसर्ग कभी- कभार हमारे घर आता , उसे सभी परिवार का ही एक सदस्य समझते किन्तु मेरी प्रतीक्षा तो वो आज भी उसी तरह करता था।मैं जब भी स्कूल से लौटती ...वो गुलमोहर तले खड़ा मिलता। अब मेरे कदम वहाँ पहुँचते ही रुक जाते ...हम देर तक बातें करते , मुझे लगता कि अब मैं भी इस पल का इन्तज़ार करने लग गयी हूँ , बड़े ख़ूबसूरत दिन थे ...प्रेम के

दिन, प्रीत के दिन , मोहब्बत के दिन। निसर्ग को देखकर मैं सब भूल जाती ...ऐसा लगता जैसे मुझे सब कुछ मिल गया अब किसी चीज की आवश्यकता नहीं है! मैं अक्सर ये गीत गुनगुनाती-

"गुलमुहर गर तुम्हारा नाम होता

मौसम-ए-गुल को हँसाना भी हमारा काम होता"

निसर्ग को मैंने अपने जीवन में शामिल कर लिया था , उसके बिना जीवन की कल्पना भी मैं नहीं कर सकती थी , मुझे इस बात से कोई फ़र्क़ नही पड़ता था कि वो मुझे कितना चाहता था, मैं इतना जानती थी कि मैं उसको अपने से भी अधिक, , जीवन से भी अधिक, प्रेम की परिधि से भी और आगे , पता नहीं कहाँ तक चाहती थी। उसको देखते ही मेरी आँखों के आगे , मेरे कदमों के नीचे , मेरे चारों तरफ़ गुलमोहर के फूल खिल जाते थे।

उस के तसव्वुर से मेरी सुबह होती , उस के तसव्वुर से मेरी शाम होती। अधिक क्या कहूँ वही मेरा जीवन था और हसरत थी कि मौत भी उसकी उपस्थिति में हो। उसके बिना जीने की कल्पना भी नहीं कर सकती थी !

इश्क़ का जादू फ़िज़ाओं में छाया था , लगता था मेरे लिये स्वर्ग भूमि पर उतर आया है ! आकाश के सितारे मेरे आँचल में अपने आप टंक गये , चाँद माथे की बिंदिया बन गया , ऐसा लगता जैसे सारी कायनात मुझसे रश्क कर रही हो।

दीदी मैं सोचती हूँ कि जब ख़ुशी सीमा को पार करने लगे तो सारी सृष्टि ईर्ष्या से जलने लगती है। मेरे साथ भी यही हुआ , एकाएक मेरे पिता गंभीर बीमारी से ग्रस्त हो गये। वो चाहते थे कि संसार को अलविदा कहने से पहले मेरे हाथ पीले हो जायें।

घर में विवाह के लिये लड़कों की खोज प्रारंभ हो गयी , हर दिन किसी न किसी की तस्वीर आती ...मुझे दिखायी जाती ...मैंने किसी तस्वीर पर कोई प्रतिक्रिया नहीं दी। माँ मेरी बेरुख़ी देखकर बोली,

" तू कुछ कहती क्यों नहीं , क्या तुझे कोई और लड़का पसंद है?"

पहले तो कोई शब्द न निकला ...थोड़ी देर के पश्चात हिम्मत जुटाकर बोली,

"हाँ माँ मुझे पसंद है एक लड़का जिसे आप जानती हैं।"

"कौन है वो बताना।"

"निसर्ग माँ।"

मैंने धीरे से सकुचाकर कहा।

"नहीं बेटा ऐसा नहीं हो सकता ..लड़के की जाति हमसे नीची है। तेरे पिताजी के जीवन का कोई भरोसा नहीं , सारा जीवन सर उठाकर जिये अब अन्तिम समय उन्हें ये दुख नहीं दे सकते।"

मैंने माँ से बहुत मिन्नतें की , बहुत गिड़गिड़ाती रही , रोती रही ....यहाँ तक की आत्महत्या करने की धमकी भी दी.....मगर मेरी बात नहीं मानी गयी।मेरे जीवन का निर्णय बिना मेरी अनुमति के लिया गया। मेरे बाहर आने-जाने पर रोक लगा दी , मेरी गतिविधियों पर निगरानी रखी जाने लगी , यों समझो मुझे क़ैद कर लिया गया।

उन्होंने मेरे लिए दूल्हा खोज लिया , मेरे विवाह की तैयारी होने लगी ...मैं निसर्ग को कुछ बता न सकती थी। जब भी मैं अकेले होती ,रोती ही रहती। ऐसे ही एक दिन मेरा विवाह कर दिया गया। दुल्हन बनकर मैं विदा हो गयी। मेरे मन-मस्तिष्क में भावनाओं के तूफ़ान चल रहे थे , कभी कुछ सोचती और कभी

कुछ ...यों मेरा एक-एक पल बीत रहा था ससुराल में बहुत सारी रस्में हुई ...किसी को पता न था कि मैं क्या सोच रही हूँ।

मुझे एक सजे कमरे में भेज दिया गया ...मैं बैठ गयी , रात के बारह बजे थे, दिसंबर का महीना था ....दूल्हा घर के बाहर मेहमानों को विदा कर रहा था। कमरे में पीछे से भी एक दरवाजा था जो अन्दर से बन्द था मैंने जल्दी-जल्दी जेवर खोले, एक साधारण सी साड़ी जो मैं अपने बैग में लायी थी....पहन ली। धीरे से दरवाजा खोला और किसी भी दिशा को दौड़ने लगी। मैं दो तीन घंटे एक झाड़ी के पीछे छुपी रही ...तभी कानों में गाड़ी की सी आवाज़ आयी में सड़क पर आ गई ...एक आटो आ रहा था मैंने कोई बहाना बना कर रोते-रोते अपने गंतव्य का पता बताकर उसे चलने को कहा।

आटो रुक गया था। सुबह के पाँच बजे थे , मैं निसर्ग के आँगन में खड़ी थी।दरवाजा खटखटाने की हिम्मत नहीं हुई, सोचा बरामदे के एक कोने में बैठ जाऊँ , कोई आये तो आने का कारण बता दूंगी।दुल्हन के कपड़े तो खोल दिये थे ...माँग का सिन्दूर , हाथों की मेहंदी चमक रही थी। मुझे निसर्ग पर पूरा विश्वास था ...सोचती थी वो तो मुझे सर आँखों पर बिठा लेगा। एक दिन उसने बातों ही बातों में बड़े प्रेम भरे अंदाज में कहा था ,

" निशा इस गुलमोहर में तो मौसम आने पर ही फूल आते है किन्तु मेरे ह्रदय में जब-जब तुम सामने आती हो तब-तब गुलमोहर के फूल खिल उठते हैं।"

"मेरा नाम निशा है बताना भूल गयी थी दीदी।"

सुबह के छह बज गये थे तभी दरवाजा खुलने की आवाज़ आयी , निसर्ग की माँ थी।वो मुझे जानती थी उन्होंने इतनी सुबह इस तरह आने का कारण पूछा ! मैंने अपनी पूरी दास्तान सुना दी सुनकर उनके तेवर बदल गये वो बोली ,

" निशा तू पहले आती तो ...तेरा आना मैं अपना सौभाग्य समझ सकती थी।

विवाह के पश्चात तू किसी की पत्नी है। तुझे मैं किसी भी तरह यहाँ नहीं रोक सकती हूँ।"

मैं बोली निसर्ग को बुला दीजिए , उन्होंने नहीं बुलाया , वह मुझे गालियाँ देने लगी शोर सुनकर निसर्ग बाहर आया उसे देखते ही मैं रोते हुए उसकी ओर बढ़ ही रही थी कि निसर्ग तेज कदमों से घर के अंदर गया , उसने दरवाजा जोर से बंद कर दिया।मैं दो, तीन, घंटे बाहर ही रही पर किसी ने दरवाजा न खोला।

हारकर मैं जहाँ मेरी शादी हुई वहाँ गयी , उन लोगों ने मुझे धक्के देकर निकाल दिया।

अपने घर तो मैं नहीं जा सकती थी मैं कहाँ जाती फिर सोचा माया के घर जाती हूँ।वो मेरी बचपन की दोस्त है..वो अवश्य शरण देगी इतना विश्वास था।

दीदी यही मेरी कहानी है।

तभी एक युवक अचानक आया बोला,

" निशा जी मैं आपसे विवाह करने को तैयार हूँ। मैंने आपको देखते ही पहचान लिया था।मैं आपको ट्रेन से देखते आ रहा था , समझ नहीं पा रहा था कि आप इस तरह परेशान हाल कहाँ जा रही होंगी। आपके लिये मैंने ट्रेन छोड़ दी थी। मैं छुप-छुप

कर आपकी सारी बातें सुन रहा था। मैं बहुत पहले से आपसे विवाह करना चाहता था !आपने कभी मेरी ओर देखा ही नहीं ...फिर निसर्ग हमारे बीच में आ गया।"

निशा ने अनुराग को पहचान लिया था ..वो चुपचाप रही , सोचने लगी प्रेम तो मुझे अनुराग ने किया है। निसर्ग का प्यार झूठा था जहाँ शादी हुई उस पति के पाँवों में गिरकर कितनी क्षमा मांगी थी , उस पत्थर दिल इन्सान ने लात मारकर मुझे अपने पैरों से दूर किया। वो भी मुझे क्षमा न कर सका।

मैंने देखा निशा का मुख-मंडल भोर के आकाश को लजा रहा था , अचानक अनोखी आभा से निशा का तन-मन निखर उठा।वो अद्वितीय सुन्दरी लग रही थी।

तभी हमारी ट्रेन आ गई हम बैठने के लिये उठे।मैंने निशा को अपना पता दिया। दोनों को सुनहरे भविष्य की शुभकामनाएं देकर ट्रेन में बैठ गई। सोचने लगी ये

जीवन एक रहस्य ही है।

# जुन्हाई

वो मुझे 'कमल' कहती थी। मेरी नयी-नयी दोस्त , मैं फाइनल ईयर में थी और वो फर्स्ट ईयर में , उसका नाम जुन्हाई था वो सचमुच जुन्हाई सी सुंदर, सरल, स्नेहिल थी।

पहली बार हमारी मुलाकात लाइब्रेरी में हुई थी , संयोग भी क्या दोनों एक ही किताब देख रहे थे , किताब थी "मेरी यादों के चिनार" कृष्ण चन्दर का प्रसिद्ध उपन्यास अचानक वो मुझसे बोली आपको किस तरह का साहित्य पसंद है। मैंने अपनी पसंद उसके सामने रख दी , वो सम्मोहित सी मेरी एक-एक बात सुन रही थी। वो एक अनोखी लड़की थी , वैसी लड़की मैंने पहले देखी न थी। जिस उत्साह से वो मुझे निहार रही थी , मुझसे बात कर रही थी वही उत्साह मुझमें भी था। पल भर को हम मौन हो गये , चुप्पी तोड़ते हुए जुन्हाई बोली " चलो कमल हम तरुवर की छाँव में बैठते हैं।"

वह पेड़ को तरुवर ही कहती थी , उसके कहने का लहज़ा बहुत ख़ूबसूरत होता ...और मुझे लगता जैसे मैं सचमुच किसी सघन तरुओं के वन में पहुँच गयी हूँ। हमारी दोस्ती हर दिन लताओं सी बढ़ती रही , हम एक दूसरे की किसी भी तरह की सहायता करने के लिये तैयार रहते , मुझे लगता मेरी एक बहन और थी जो मुझे आज मिल गई। सगी बहनों में और इसमें एक अन्तर था , वो ये कि ये मेरी अभिन्न मित्र भी थी।

जुन्हाई अपने माँ बाप की इकलौती लड़की थी। उसके पिता उच्च सरकारी अधिकारी तथा आर्थिक रूप से सम्पन्न व्यक्ति थे। जुन्हाई जिस चीज पर हाथ रखती वो उसे मिलता किन्तु अभिमान उसे छू भी नहीं गया था।

वो मुझे बहुत महंगे उपहार देती , मैं स्वीकार नहीं करती इसलिए कभी -कभी वो नाराज भी हो जाती थी।

उसकी प्रतिभा से मैं प्रभावित थी , पढ़ने के साथ संगीत में भी उसकी रुचि थी , वो कहानियाँ भी अच्छी लिख लेती थी , नाटक भी लिखती थी , उसे अभिनय का भी बड़ा शौक था। एक बार उसने अपने ही लिखे नाटक पर अभिनय किया, नाटक सबको बहुत पसंद आया

और इस नाटक पर उसे पुरस्कार भी मिला। कभी- कभी मुझे लगता कि वो मुझे मेरी तुलना में अधिक प्यार करती है। जब तक मैं कॉलेज में रहती एक पल मुझे अकेले नहीं छोड़ती ...छुट्टी के समय भी बड़ी मुश्किल से छोड़ती , जाने से पहले एक बार अवश्य कहती,

"कमल आज मेरे घर चल।"

उसके स्नेह भरे शब्दों को सुनकर मैं भाव-विभोर हो जाती। वैसे भी संसार में सच्ची मित्रता एक अमूल्य धरोहर है।

जब से मुझसे मित्रता हुई जुन्हाई ने अपनी एक भी क्लास अटेंड नहीं की , अपनी कक्षायें छोड़कर मेरी कक्षा में बैठती , मैंने कभी उसके लिए ऐसा नहीं किया क्योंकि मैं घर छोड़ कर इतनी दूर आयी थी, मैं ऐसा कर भी कैसे सकती थी। मैं मन लगा कर ईमानदारी से पढ़ती किन्तु अंक उसके ही अधिक आते वो हर क्षेत्र में मुझसे आगे थी..।

हमारे कॉलेज का कैम्पस बहुत सुन्दर था , ख़ूबसूरत हरा लॉन, छोटे-मोटे पेड़। जब भी अवसर मिलता हम दोनों बैठ कर बहुत सारी बातें करते थे। जुन्हाई की बातें सुनने का मुझे इंतज़ार रहता वो हर विषय पर बात कर सकती थी उसके बोलने का तरीका मोहक था।

हम दोनों अमरूद के पेड़ के नीचे बैठे थे मैं जुन्हाई से बोली,

" आज कुछ सुनने का मन हो रहा है आज कुछ सुना, जुन्हाई।"

"कौन सा गीत सुनेगी कमल!" वो तपाक से बोली

" वही जो तुमने पहले-पहले सुनाया था।"

फिर क्या , वो गाने लगी अपनी सुरीली आवाज में-

"रजनीगंधा फूल तुम्हारे, महके यूँ ही जीवन में

यूँ ही महके प्रीत पिया की, मेरे अनुरागी मन में

अधिकार ये जब से साजन का हर धड़कन पर माना मैंने

मैं जब से उनके साथ बँधी, ये भेद तभी जाना मैंने

कितना सुख है बंधन में

रजनीगंधा फूल तुम्हारे..."

गीत भी सुंदर था और गाया भी सुन्दर पलभर को मन रंग-बिरंगे फूलों के गुलशन में भटक गया , सौरभ से सराबोर होकर मैं स्वयं को भूल सी गयी और कहीं दूर बहुत दूर निकल गयी। सहसा जुन्हाई ने मुझे झकझोरा बोली-

"कहाँ खो गयी कमल चल तेरी क्लास शुरू होने

वाली है।"

हम उठे, कक्षा की तरफ़ कदम बढ़ रहे थे , मैं मन ही मन सोच रही थी ये कौन है जो मेरा इतना ध्यान रख रही है।

इतना मेरे लिये मेरी माँ भी नहीं सोचती है जरूर पूर्व जन्म का कोई रिश्ता होगा इसके साथ। राजनीति शास्त्र की कक्षा थी मैं तो लेक्चर सुन रही थी जुन्हाई कविता लिख रही थी। लेक्चर समाप्त हुआ सब क्लास से निकले , हम दोनों गेट के पास थे वो मेरा हाथ पकड़े थी ऐसा लगता था जैसे वो मुझे जाने नहीं देना चाहती हो। सब चले गए मैं बोली,

" जुन्हाई अब कल मिलेंगे।"

वो बोली-

"आज तू मेरे घर चल।"

"आज नहीं फिर किसी दिन।"

"वो दिन शायद कभी न आये।"

वो अपना हाथ छुड़ाते हुये बोली , हम दोनों अपनी- अपनी दिशाओं की ओर निकले।

रास्ते भर मैं उसके विषय में ही सोचती रही।

मेरा मन उसके घर जाने को बहुत हो रहा था , मैं वहाँ नहीं जा सकती थी क्योंकि मैं अपने घर में नहीं रहती थी , ये मेरे ताऊ जी का घर था वो कभी मुझे वहां जाने की स्वीकृति नहीं देंगे ये मुझे ज्ञात था।

मेरे ताऊ जी का यहाँ व्यापार था।

जुन्हाई कॉलेज के गेट पर खड़ी मेरी प्रतीक्षा कर रही थी। उस दिन मुझे कॉलेज जाना नहीं था क्योंकि दो कक्षाएं फ्री थी , मैं

सिर्फ़ जुन्हाई से मिलने आई थी। जुन्हाई तो हर दिन मुझसे ही मिलने आती थी।

जैसे ही वो मेरी कक्षा की तरफ़ जाने लगी

मैंने कहा -

"अरे तू कहां जा रही है आज मेरी दो कक्षाएं नहीं हैं। चल लाइब्रेरी में चलते हैं।"

वो अति उल्लास से बोली ,

" आज फिर खूब बातें करेंगे।"

"हाँ जी भरकर बातें करेंगे।!"

मैंने ख़ुश होकर कहा।

लाइब्रेरी के एक अलग से कोने पर एक बेंच थी हम उसी पर बैठ गए। हमने अपने दिल एक दूसरे के सामने खोले। मेरे दिल में जहां अधिकतर बातें अपने परिवार से सम्बन्धित, साहित्य से सम्बन्धित ही थी वहीं जुन्हाई के पास अपने नितान्त व्यक्तिगत अनुभव भी थे। उस दिन जुन्हाई का एक अलग ही रूप देखा और उसने मुझे बताया कि वो किसी से प्रेम करती है , उसका प्रेमी किसी दूसरे शहर में रहता है।

अचानक अति कोमलता से उसने कहा -

" कमल मेरा एक काम करेगी।"

"तेरे लिये जान भी हाज़िर है , तू कहकर तो देख "

मैंने स्वीकृति देते हुए कहा।

मेरी हाँ सुनकर वो कहने लगी,

" कमल असल में बात ये है कि मेरे माँ बाप को ये सब पता है , वो मुझे मलय(उसका प्रेमी) से दूर रखना चाहते हैं। मेरे पापा ने इसी कारण वहाँ से ट्रांसफर कराया! मैं उससे बहुत प्रेम करती हूँ मगर उसे देखना तो दूर पत्र भी नहीं लिख सकती हूँ। मेरे मम्मी पापा ने मुझे किसी के साथ भी पत्र व्यवहार करने से मना किया है। कमल, मैं उसे पत्र लिखना चाहती हूँ , इस काम में तू ही मेरी सहायता कर सकती है।"

"वो कैसे ?"

मैंने पूछा।

"मैं उसे तेरा पता दे देती हूँ , जब पत्र आयेगा तू मुझे दे देना।"

मैं सोच में पड़ गयी।

" अरे तू चुप क्यों हो गयी , यदि तू ऐसा नहीं कर सकती है तो रहने दे मैं कुछ और सोचूंगी। "

तनिक सोचकर मैंने कहा "ठीक है तू मेरे पते पर चिट्ठियां मंगा ले।"

वो चिट्ठियों का जमाना था, फोन बहुत कम लोगों के पास होते थे।

मेरा उत्तर सुनकर जुन्हाई बहुत ख़ुश हो गई और झट से मेरे गले लग गयी।

उसे ख़ुश देखकर मैं भी ख़ुश हो गई , तब मुझे लगा किसी की ख़ुशी के लिये कुछ करना कितना सुकून देता है। हर किसी की ख़ुशी के अपने-अपने मापदंड होते हैं , जहाँ में बेसब्री से अपने पिता के पत्रों का इंतज़ार करती थी। मेरे पिता एक हफ्ते में दो पत्र लिखते थे। पत्र बहुत लम्बे होते थे उनमें इतिहास, साहित्य,

दर्शन के साथ वात्सल्य का सागर छलकता था। मेरे पिता मेरे मित्र भी थे मेरी हर समस्या और हर शंका का समाधान उनके पास था।मैं जब भी किसी से बात करती तो बातों-बातों में अपने पिता का ज़िक्र अवश्य करती।

जुन्हाई अपने माँ बाप के विषय में कभी कुछ भी नहीं कहती थी , कभी-कभी मुझे आश्चर्य होता कि माँ बाप और बच्चों के मध्य इतनी दूरी कैसे होती होगी।

मुझे भी लड़कों के प्रेम पत्र मिलते थे मैं बिना पढ़े ही फैंक देती थी। मन में यही ख़्याल आता ...इतनी दूर मुझे भेजा सिर्फ़ पढ़ने के लिए न कि प्रेम करने के लिए।

फिर मुझे किसी पर विश्वास होता ही नहीं था ...लड़कों का क्या वो कुछ भी करें उनको तो समाज ने छूट दी है ..मेरे माँ बाप ने कितने अरमानों से मेरे सुनहरे भविष्य के सपने बुनकर मुझे यहाँ भेजा था मैं किसी भी कीमत पर उनका भरोसा नहीं तोड़ सकती थी।

जुन्हाई को मैंने बहुत समझाया था , मैं बार-बार उससे कहती,

"ये प्रेम वरेम सब झूठ है ..मेरा कहना मान छोड़ ये चक्कर फिर तू अभी अठारह वर्ष की भी नहीं हुई हम लोग अभी छोटे हैं जुन्हाई।"

ये सुन वो मेरे आँखों में झाँक कर बोली,

" कमल तू नहीं जानती प्रेम क्या होता है। जब तुझे प्यार होगा तब तू जानेगी। इसलिए तू कुछ मत बोल ..मेरे लिये प्रेम, जो मैं मलय से कर रही हूँ (मलय उसके प्रेमी का नाम था) वही इस संसार में सबसे सुन्दर चीज है।"

मैं क्या कहती मौन हो गयी।

एक हफ्ता भी नहीं बीता था कि पोस्टमैन एक मोटा लिफाफा दे गया , मैं समझ गयी कि ये क्या है , मैंने संभाल कर रख दिया।

अगले दिन जब वो ख़त जुन्हाई को दिया ...मैं देख रही थी कि उसकी ख़ुशी का कोई ठिकाना नहीं था। सुन्दर तो वो थी ही पत्र पाने पर उसके चेहरे की छवि उषा की लालिमा की तरह मन मोह रही थी। वो पत्र को पढ़कर जाने कौन से संसार में खो गयी और मैं अपलक अपनी सखी के अप्रतिम रूप को निहार रही थी।

ये सिलसिला चल पड़ा जुन्हाई ख़ुशी से आसमान में उड़ रही थी ये आसमान सचमुच के आसमान से सुन्दर था

ये कल्पनाओं का आसमान था सपनों का आसमान था।

पत्र हफ्ते में दो आते थे मगर जुन्हाई हर दिन पूछती, "कमल मेरे लिये कुछ लाई।"

मैं कहती "आज भूल गई।"

ऐसे ही दिन बीत रहे थे। जुन्हाई की ख़ुशियाँ सातवें आसमान पर थी ,मैं दुआ करती काश! जुन्हाई यूँ ही सपनों के पंख लगाकर आसमान में उड़ती रहे और मैं उसे देखती रहूँ।

कभी-कभी कॉलेज में छुट्टियां होती तब मुझे चिट्ठियाँ कुछ दिन अपने पास रखनी होती .... मुझे डर लगता कि कोई देख न ले।

एक बार ताऊ जी कुछ खोज रहे थे कि मेरी फाइल नीचे गिर गई , फाइल का गिरना था कि फर्श पर कुछ फोटो और कुछ कागज़ बिखर गए , ताऊ जी ने उन्हें समेट कर देखने लगे।

शायद उन्होंने कुछ पढ़ लिया हो , इसलिए वो बोले ,

"ये सब क्या है?"

मैं बहुत डर गयी घबराहट के कारण मेरे मुँह से आवाज़ नहीं निकल रही थी फिर भी मैंने सब कुछ सही-सही बता दिया। सब सुनकर ताऊ जी बोले,

"अब ये सब कुछ नहीं आना चाहिए , उसे साफ मना कर देना।"

मैं उदास हो गई कि अब मैं जुन्हाई से क्या कहूँगी , उसे कितना बुरा लगेगा , कहीं वो मुझ पर विश्वास न करे, यह सब बहुत देर तक सोचती रही।

चार दिनों की छुट्टी के बाद जब कॉलेज पहुंची , जुन्हाई हज़ार गुना अधिक बेसब्री से मेरा इंतज़ार कर रही थी।

मैंने बड़े प्रेम से उसकी अमानत उसे सौंपी , जिस अदा से उसने अपना प्रेम -पत्र पकड़ा वो देखने लायक था। यदि मेरे पास कैमरा होता तो उस दृश्य को क़ैद कर लेती।

पूरे दिन हमने बहुत बातें की ...पता नहीं मैं क्यों नहीं कह पायी , कि ये आखिरी पत्र है जो मैं तुझे दे रही हूँ।

मैं उसका उदास होना देख नहीं सकती थी।

वार्षिक परीक्षा की तैयारी की छुट्टियाँ थी कॉलेज बन्द थे। मैं बहुत परिश्रम कर रही थी ! एक आसन में आठ घन्टे बैठकर पढ़ाई करती थी घर वालों को आश्चर्य होता कि मैं कैसे इतना बैठ जाती हूँ। दिन ऐसे ही बीत रहे थे। मैं अच्छे से परीक्षा देकर घर जाना चाहती थी।

दिन का एक बजा था मैं सोफे में बैठकर पढ़ रही थी तभी एक आहट सी हुई , किताब से सर उठाया देखती हूँ सामने जुन्हाई खड़ी है। घर के सभी लोग सोये थे मैं दिन में कभी सोती न थी। जुन्हाई इतने धीरे आई थी कि किसी को ख़बर नहीं हुई।

कुछ देर चुप्पी के बाद वो बोली,

" कमल मैं घर छोड़ के आई हूँ और इलाहाबाद जा रही हूँ मलय के पास।"

मैं स्तब्ध थी उसके इस कदम पर , सोच रही थी इतनी हिम्मत इतना साहस इसके पास कहाँ से आया।मैंने कहा,

" तू वहाँ क्यों जा रही है ? "

"मुझे अपना घर अच्छा नहीं लगता, अपने माँ बाप अच्छे नहीं लगते, अब मलय के बिना नहीं रह सकती मैं उससे विवाह करूंगी यानी कोर्ट मैरिज!"

" पर तू बालिग नहीं है , शादी कैसे करेगी।"

उसने उत्तर दिया,

" अठारह साल होने में तीन महीने हैं। तीन महीने छुपकर रहूंगी उसके बाद हम विवाह कर लेंगे।"

"यदि उसने शादी नहीं की तो क्या करेगी?"

उसने अपने बैग से एक बड़ा चाकू निकाला और कहा,

" इससे अपना कत्ल कर लूंगी।"

"इस बैग में क्या है ?"

उसने दिखाया दो जोड़ी कपड़े , दो सोने की अंगूठियां तथा बीस हजार रुपये थे।

वो कहने लगी,

" कमल तू अपने भाई से कहकर मुझे इलाहाबाद वाली बस में बिठा दे।"

मैंने उसे बहुत समझाया उसने मेरी एक नहीं सुनी ! अन्ततःहार कर मैंने उससे कहा,

"तू यहीं बैठ मैं मनोज भैया से कहती हूँ।"

उसे वहीं छोड़कर मैं अन्दर गयी मैंने मनोज भैया को सारी दास्तान सुनाई ! मनोज भैया बोले अच्छा मैं बस देखता हूँ।

बहुत देर हो गयी भैया आए नहीं जुन्हाई को बेचैनी हो रही थी। वो बार-बार उठ कर देखती फिर निराश होकर बैठ जाती।

सहसा घर के आगे एक कार रुकी उसमें से मनोज भैया के साथ एक महिला उतरी। महिला को देखकर जुन्हाई के मुँह से इतना ही निकला "अरे मम्मी ..."

उसका इतना कहना था कि उसकी मम्मी ने उसका हाथ खींच कर कार में बिठा लिया।

जुन्हाई कातर दृष्टि से मुझे देख रही थी। उसकी आँखों में दुख के साथ हज़ारों सवाल भी थे , जो वो चलते-चलते मुझसे कर रही थी। मुझे उत्तर देने का मौका न मिला। पल भर मैं कार आँखों से ओझल हो गयी।

मैंने तो मनोज भैया से इलाहाबाद का टिकट लाने को कहा था घर का नहीं। फिर उन्होंने ऐसा क्यों किया ?

मैं पूछती भी कैसे वो न मेरे सगे भाई थे न मैं उनसे घुली- मिली थी।

आज भी सोचती हूँ जुन्हाई कहां होगी, कैसी होगी ?

मैं अक्सर सोचती हूँ ..सिर्फ़ एक बार उससे मुलाकात हो जाती मैं सच्चाई उसके सामने रखती।

जुन्हाई तुम जहाँ भी होगी ख़ुश होगी , तुम्हारा प्यार तुम्हारे साथ होगा ...मैं रोज तुम्हारे लिये दुआ करती हूँ।

# वो दिन , वो यादें

ये नयी जगह थी। अभी हमें यहाँ आये पन्द्रह बीस दिन ही हुए होंगे जगह अच्छी थी किन्तु कोलकाता तो कोलकाता हुआ ....बालूरघाट उसके सामने कहीं ठहरता न था। वैसे ये भी पश्चिम बंगाल का अच्छा शहर तब भी था अब भी है।

बंगाल , बंगाली संस्कृति और बंगाली लोग किशोरावस्था से ही मेरे आकर्षण का केन्द्र बिन्दु रहे हैं। मैंने दसवीं कक्षा तक आते-आते बहुत सारा बांग्ला साहित्य पढ़ लिया था। शरत चन्द्र का लेखन पढ़कर मेरे हृदय में बंगाल की धरती को देखने की उत्कट अभिलाषा जगती थी।

विवाह के पश्चात मुझे सर्वप्रथम कोलकाता जाने का अवसर मिला। छोटे से कस्बे से अचानक महानगर में आना एक अनोखा अनुभव था। लोग नये, भाषा नयी, रहन-सहन नया, गृहस्थी नयी ...सब कुछ नया - नया , थोड़ा कौतूहल, थोड़ी घबराहट थोड़ी ख़ुशी का अनुभव हो रहा था।

मकान मालिक बहुत अच्छे थे। उनका नाम सलिल मुखर्जी था। प्रतिदिन प्रात: आठ बजे ट्राम से हावड़ा जाते थे। मुखर्जी साहब किसी बैंक में काम करते थे।

परिवार में उनकी पत्नी,पांच बच्चे और माँ थी। बड़ी लड़की की शादी हो चुकी थी। बेटा झूलन बेरोजगार था।

मकान उन लोगों का बहुत बड़ा था , दक्षिणेश्वर के पास,

लोकेशन भी बहुत सुन्दर थी रोड के किनारे।

मुझे बहुत अच्छा लग रहा था , तब महानगरों का वातावरण भी अपनत्व से भरा था। आस- पास के लोग भी बड़े स्नेही थे , जो भी देखता कुछ न कुछ अवश्य कहता। उन्हें हिंदी नहीं आती थी किन्तु उनकी बातें मैं समझ लेती थी ! जैसे रुमा ने पहले दिन मुझे देखते ही कहा था।

" बोदी आपनी देखते खूब सुन्दर आछेन।"

मैंने मुस्कुरा कर उसका धन्यवाद किया।

एक महिला बोली।

"आपनी कि काश्मीरी।"

मैंने सर हिलाकर उत्तर दिया।

वो मुझे सुन्दर कह रहे थे किन्तु मुझे तो वहाँ की महिलाएं बहुत सुन्दर लगती थी। उनके काले लम्बे बाल बड़ी-बड़ी आँखें एवं अति मधुर बोल मेरा मन मोह लेते थे। उनकी लाल किनारे की साड़ी लाल सिन्दूर, लाल बिंदी साथ में लाल चूड़ी ...बहुत आकर्षक लगती थी। वहाँ की महिलाएं , सही रूप में भारतीय संस्कृति का प्रतीक थीं।

उन दिनों मुझे खाना बनाना भी नहीं आता था मिसेज मुखर्जी ने मुझे सब्जियां बनाना सिखाया। पटल भाजा, बैंगन भाजा मैं आज भी बनाती हूँ। रूमा , मुनू (मुखर्जी साहब की बेटियाँ) समय मिलते ही आ जाती , खूब बातें करती ....अक्सर मुझसे पूछती आप बिना मछली के चावल कैसे खाते हो ?

मुखर्जी साहब की आदतें अजीब थी , वो सुबह पाँच बजे से बोलना शुरु करते तो बैंक जाने तक बोलते रहते थे।

ये एक दिन नहीं हर दिन की बात थी। इस बहाने मेरी भी नींद खुल जाती। प्रातःकाल वो तरोताजा रहते इसलिए कभी पानी के बहाने, कभी खाने के बहाने,

कभी सामान जल्दी क्यों खत्म हो गया इस बहाने अपना गुस्सा निकालते। शाम को ऑफिस से लौटते समय वे शान्त गम्भीर नज़र आते थे।

एक चीज जो मुझे वहाँ के लोगों की बहुत पसन्द आयी वो थी उनकी विनम्रता वे सभी का सम्मान करते थे। विशेषकर घरेलू सहायिका तक को भी अति आदर देना मुझे प्रभावित करता था। यदि उम्र में बड़ी हुई तो अपनी इच्छा के अनुसार उसको पीसी माँ (बुआ जी) या मौसी माँ से सम्बोधित करते थे। जो भी घर में काम करता उसके साथ अच्छा व्यवहार होता।हर दिन प्रेम सहित नाश्ता प्रत्येक घरेलू काम करने वालों को मिलता था। कहने का तात्पर्य ये है कि बंगाली लोग औसतन अधिक सभ्य , अधिक संवेदनशील होते हैं। सबसे अच्छी बात मुझे ये लगती है कि बंगाली लोग कला से प्रेम करते हैं प्रत्येक घर में वाद्य यंत्र होते हैं क्योंकि वहाँ अधिकतर लोगों का संगीत , नृत्य और अन्य कलाओं की ओर झुकाव होता है।

कोलकाता निवास के दौरान वहाँ के दर्शनीय स्थल देखे।

पूरा शहर घूमा ....फिर भी दक्षिणेश्वर में स्थित माँ काली के मंदिर जाकर मां का दर्शन करना अति प्रिय लगता था। मैंने पढ़ा था कि यहीं माँ ने परम संत रामकृष्ण परमहंस को साक्षात दर्शन दिए थे इसलिए मैं अक्सर वहाँ जाती थी। उस समय जाने का उद्देश्य भक्ति नहीं बल्कि कौतूहल था , भक्ति, भगवान ,

आस्था , विश्वास इनका आगमन जीवन में धीरे- धीरे हुआ।

एक वर्ष कोलकाता में बिताने के पश्चात हम लोग पश्चिम बंगाल के बालूरघाट नामक एक छोटे शहर में स्थानांतरित हो गये। ये नगर महानगर नहीं था , इस स्थान की सुन्दरता कोलकाता से भिन्न थी। ये गाँव से जुड़ा था। आस पास के गाँवों में, मैं जब घूमने जाती तो मन ग्रामीणों में शरत चन्द्र के पात्र खोजने में लग जाता। कभी किसी युवक में 'श्रीकांत' के श्रीकांत को खोजता तो किसी किशोरी में 'देवदास' की पार्वती को ढूंढता था। बंगाल के ग्राम्य जीवन को बड़े करीब से देखा फिर उन स्मृतियों को हमेशा के लिये मन में बसा लिया।

यहाँ पहुँच कर मैंने सोचा खाली घर में बैठ के क्या करूँ चलो किसी स्कूल में अध्यापन किया जाय।बड़ी सरलता से मुझे नौकरी मिल गयी।

पहले दिन जब विद्यालय पहुँची तो बड़ा अच्छा लगा। प्रथम दिन था सबसे मिली , सहसा मेरी दृष्टि एक सुन्दरी अध्यापिका पर पड़ी , असर ये हुआ कि मैं जहां थी वहीं ठहर गई , ऐसा लगा जैसे सम्पूर्ण संसार का सौन्दर्य मेरे आगे हो। मेरे कदम रुक गए , शब्द अटक गए , मैं बिना कुछ कहे स्टाफ रूम की एक कुर्सी पर बैठ गई। मैंने न अपना परिचय दिया न उससे माँगा , पहली बार मुझे लगा कि यदि इस रूप गर्विता सुन्दरी ने मेरी बातों का उत्तर न दिया तो शायद मुझे बुरा लगे।

ऐसा नहीं हुआ वो रूपसी स्वयं मेरे पास आई और कहने लगी-

" मैं स्वाति हूँ , विज्ञान पढ़ाती हूँ।मैंने कुछ दिन पहले ही अपना कार्यभार संभाला है। मैं अपनी दीदी के साथ रहती हूँ , हमारा घर आपके घर के पास ही है।"

कितना मीठा बोलती थी ..एक-एक शब्द शहद में भीगा हुआ सा, उसने जिस स्नेह से अपना परिचय दिया ..मैं कृत-कृत्य हो गई।

अब समय अच्छा व्यतीत होने लगा , सुबह आठ बजे स्कूल जाती तीन बजे घर आती , उसके बाद घर गृहस्थी के अनेकों काम, मैं बहुत ख़ुश थी। मेरे पति ने पहले तो कहा -

" तुम्हें क्या जरूरत है नौकरी करने की आराम से घर पर रहो, मैं तो कमा ही रहा हूँ।"

मेरी ज़िद के आगे वो हार गए थे, उन्होंने मुझे अनुमति दे दी बच्चों को पढ़ाने की।

धीरे-धीरे विद्यालय में मेरी कद्र होने लगी , जिस मेहनत और लगन से मैं पढ़ाती उसे देखकर बच्चों के अभिभावक भी मुझे सम्मान देने लगे।

स्कूल में सबसे अच्छा स्वाति से बातें करना लगता था। उम्र में अवश्य वो मुझसे कुछ साल बड़ी थी। वो अविवाहित थी मैं विवाहित इससे हमारी मित्रता में कुछ फ़र्क़ नहीं पड़ा।वो मेरी बहुत विश्वसनीय सहेली बन गई। उसे हिन्दी बहुत कम आती थी इसलिए वो बांग्ला में बोलती में हिंदी में। हम स्कूल की छुट्टी के बाद भी मिलते। प्रत्येक शाम हम दोनों खूब घूमते थे। बहुत सारी बातें करते थे। हर शाम स्वाति के साथ बहुत ख़ुशनुमा हो जाती थी। स्वाति की दीदी को पता नहीं क्यों उसका किसी से दोस्ती करना अच्छा नहीं लगता था। हर शाम पांच बजे वो अपनी दीदी के बच्चों को घुमाने के बहाने पार्क में आती ...तब मैं भी वहाँ पहुँच जाती। हम दोनों ढेर सारी बातें करते ...वो अपने बचपन , अपने स्कूल , अपने घर तथा परिवार के विषय

में मुझे बताती थी। उसका परिवार कृष्ण नगर के नजदीक किसी गांव में रहता था ,उसे अपनी माँ की बहुत याद आती थी। हर दो चार महीने में वो अवश्य अपने गांव जाती थी।

स्वाति का स्वभाव अति कोमल था। उसकी हर बात में,हर व्यवहार में स्नेह झलकता था। पहनावा भी उसका ऐसा था हर कोई मुड़-मुड़ कर देखता ..एक तो अपूर्व सुन्दरी उस पर सलीके से पहना अति सुन्दर परिधान और कदम ...वो तो गजगामिनी थी। कंठ भी मधुर , विद्यालय के सांस्कृतिक कार्यक्रमों में उसने अपने गाये गीतों से श्रोताओं को मंत्रमुग्ध किया था।

आस-पास के लोग उसके बारे मे मुझसे पूछते थे। स्वाति के चलते लोग मुझे भी पहचानने लगे थे।

कुछ अविवाहित युवक उसको पसंद भी करने लग गए थे ...वो थी ही अनोखी। मेरे पति का एक मित्र जिसका नाम सौरभ सेन था... स्वाति के विषय में अक्सर मुझसे पूछता ...जब भी घर आता ...स्वाति की ही बातें करता.। मुझे लगता कि सौरभ स्वाति से एक- तरफा प्रेम करने लगा था। सौरभ बहाने बना-बना कर हमारे घर आने लगा , मैं समझ रही थी ...विवशता थी कि वो मेरे पतिदेव का मित्र था सो जान के अनजान बनी रही।

सौरभ के कदम धीरे-धीरे बढ़ने लगे और वो स्वाति के घर के पास भी घूमने लगा। शाम के समय वो पार्क के इर्द-गिर्द मंडराने लगा। कुछ दिनों बाद वो ठीक उस समय उस रास्ते पर खड़ा रहता जिस राह स्वाति स्कूल आती थी। शायद सौरभ को स्वाति के लिये सच्ची मोहब्बत हो गई हो ....इसलिए वो मुझसे जब बात करता ...मैं देखती कि वो कुछ कहते- कहते

रुक जाता ..जाने के लिये उठता फिर बैठ जाता। उसके हृदय में प्यार का अगाध सागर हिलोरें ले रहा था।

एक दिन सौरभ ने स्वाति लोगों के ड्राइवर के हाथों एक पत्र भेज दिया। स्वाति ने उस दिन स्कूल में मुझसे कहा "मैडम ( वो मुझे मैडम कहती थी) मेरे जीजा जी के ऑफिस में काम करने वाले एक सहकर्मी ने मुझे ख़त भेजा है ...खत पाँच पेज का है। मैं आपको दिखाती हूँ" कहकर उसने वो बहुत लम्बा पत्र मेरे सामने खोल दिया। सौरभ ने पांच पन्नों के पत्र में अपने हृदय की भावनाओं को उँडेल दिया था। एक-एक शब्द, एक-एक पंक्ति आंसुओं से भीगी थी।

स्वाति बोली -

"प्रेम में उसके सच्चाई है पर जीवन की भी एक सच्चाई है। उसने विवाह की इच्छा ज़ाहिर की है ..मैं उससे विवाह कैसे कर सकती हूँ।"

मैंने पूछा -

" क्यों ?वो दिखने में सुन्दर है, सजातीय है , उम्र भी कम है, कोई बुरी आदत नहीं,तुमको दिल से चाहता है तथा वो कुछ अच्छे पदों की प्रतियोगिता परीक्षाओं की भी तैयारी कर रहा है।"

मेरी बात सुनकर स्वाति बोली-

"मेरी सारी दीदीयों की शादी अमीर घरों में हुई है। इसके पास अच्छा घर नहीं है, अच्छी गाड़ी नहीं है। सामाजिक स्तर भी मेरे बराबर का नहीं फिर ये विवाह कैसे सम्भव हो सकता है !"

"गाड़ी तो खरीद लेगा।"

मैं बोली।

मुझे पहली बार उसकी बातें अच्छी नहीं लग रही थी ..विशेष कर ये बात,

" मैडम जितना उसका वेतन है उतने से तो मेरी साड़ियां भी नहीं आयेंगी।"

स्वाति की बातें सुनकर मुझे कुछ अच्छा नहीं लगा। जहाँ तक विवाह की बात है वो नितान्त व्यक्तिगत विषय है ...यहाँ किसी को बाध्य नहीं किया जा सकता है। सौरभ ने शालीनता से विवाह का प्रस्ताव रखा , ये वो रख सकता है। स्वाति मना कर सकती है ..चाहे कारण कोई भी हो ...मगर स्वाति जिन कारणों से मना कर रही थी वो मुझे पसन्द नहीं आया। क्या विवाह के लिये बहुत अमीर होना, बहुत अच्छा घर होना, बहुत महंगी गाड़ी होना अनिवार्य है? ये प्रश्न बार-बार मेरे मस्तिष्क में उठता , मैं उत्तर खोजती ...अन्तत: मेरे अन्त:करण से यही आवाज़ आयी कि विवाह के लिए सबसे अनिवार्य एक अच्छा जीवन साथी है...जो हमारा आदर करे , प्रेम करे, ईमानदार हो , हर सुख- दुख में हमारा साथ दे एवं वो हमारे साथ मित्रवत व्यवहार करे ..यही सब...।

सौरभ के पत्र मिलने पर स्वाति ने जिस तरह की प्रतिक्रिया व्यक्त की थी वो मुझे अच्छी नहीं लगी। सोचा कि जरूरी तो नहीं उसके विचार मेरी ही तरह हों ...अपने जीवन के लिये अपनी सोच रखना ही उचित है। ऐसा ही सोच- सोच कर में स्वयं को सामान्य कर रही थी।

दो दिन के पश्चात सौरभ हमारे घर आया पहली बार वो ऐसे समय घर आया था जब मैं अकेली थी। उसने मुझे नमस्ते किया

और चुपचाप कुर्सी पर बैठ गया। कुछ देर हम दोनों चुपचाप बैठे रहे फिर चुप्पी तोड़ते हुए मैंने कहा -

"आप बहुत गंभीर दिख रहे हैं। आपको विवाह के लिये स्वाति से अच्छी लड़की मिल जाएगी , इस घटना को भूल जाइए सेन साहब।"

मेरी बात के उत्तर में सौरभ बोला-

"ये कोई बड़ी घटना नहीं थी ...न मैं कोई आवारा , मैंने सिर्फ़ विवाह का प्रस्ताव रखा था। मना करने के बहुत से कारण हो सकते थे किन्तु स्वाति ने मेरा अमीर न होने को कारण बताया। पहली बार मैंने अपने को गरीब समझा , पहली बार मैं अमीर न होने के कारण अपमानित हुआ। अब मैं सिर्फ पैसे जमा करूंगा , बहुत अमीर बनूंगा।"

सौरभ एक साँस में ये सब कह गया।

उसके बाद वो कभी हमारे घर नहीं आया। मैं भी स्वाति से पहले की तरह नहीं मिल सकी ...बार -बार यही बात कचोटती ..मैं सोचती यदि स्वाति ये कहती कि मुझे पसन्द नहीं तब मुझे कोई फ़र्क़ नहीं पड़ता। स्वाति का ये कहना कि अमीर नहीं है ... मुझे भी अच्छा नहीं लगा।

सौरभ खूब पढ़ा लिखा था।उसने कोलकाता विश्वविद्यालय से दर्शनशास्त्र में एम.ए किया था। उसके पिता विश्वविद्यालय में प्रोफेसर थे। आसानी से नौकरी मिल गई तो करने लगा , वैसे वो अपने विषय में शोध कर रहा था। सौरभ को गरीब नहीं कह सकते, हाँ बहुत अमीर नहीं था। उसका परिवार आधुनिक विचारधारा का पढ़ा लिखा परिवार था।

स्कूल मैं अब भी जाती थी ...दिनचर्या पहले की तरह ही चल रही थी पर दिल पहले सा न रहा अन्दर ही अन्दर कुछ टूट गया था।

उस दिन शाम को मेरे पति थोड़ा चुप-चुप थे , मैंने पूछा क्या बात है बोले -

"कुछ नहीं .."

जब बहुत पूछा, तब धीरे से बोले-

" सौरभ नौकरी छोड़ कर चला गया , कह रहा था अब इस नौकरी में मन नहीं लग रहा है ! इस्तीफ़ा भेज दूंगा।"

इस घटना के कुछ दिनों बाद मेरे पति का भी ट्रांसफर हो गया।

बालूरघाट से जाते समय मन बहुत दुखी था एक तो बंगाल से विदा होना था दूसरा स्वाति का व्यवहार जो मेरी सोच से परे था। मैंने उसे आसमान पर बिठाया था ...अब, खैर छोड़ो ये संसार शायद एसे ही चलता है।

मैं आज भी स्वाति और सौरभ के विषय में सोचती हूँ !

काश! कोई बता देता उनके विषय में।

# प्रारब्ध

गर्मियों के दिन थे धारे का पानी कम हो गया था। सारे गांव का एक ही धारा था। सुबह- सवेरे जो आ गया उसे पानी जल्दी मिल जाता , जो लोग देर से आते उन्हें रुकना पड़ता था। घर में पानी भरने का काम मेरा ही होता था। स्कूल जाने से पहले मैं तीन, चार गागर पानी रोज भरती थी।

मैं जब पानी लेने जाती , पानी के लिये मुझसे आगे चार पांच बर्तन होते , मुझे उनके भरने तक प्रतीक्षा करनी पड़ती यदि इसी बीच बसन्ती दीदी आगई तो वो मेरी जगह अपनी गागर धारे पर लगा देती , मैं न चाहते हुए भी ना नहीं कह पाती , उनका मुझपर जाने कैसा अधिकार था ?

बसन्ती दीदी स्कूल नहीं जाती थी आठवीं पास करके घर बैठी थी या यों कहें कि विवाह का इंतज़ार कर रही थी। वो एक मातृ विहीन लड़की थी। जब वो चौदह साल की और उनका बड़ा भाई देवकान्त अठारह साल का था कि उनकी माँ दुनिया को अलविदा कह गयी।

बसन्ती दीदी पढ़ने में बहुत अच्छी थी। हिंदी और अंग्रेजी की सारी कविताएं जो पाठ्यक्रम में थी, वो सब उन्हें कंठस्थ थी।गणित में उनके पूरे के पूरे अंक

आते थे। मेरा गणित बहुत कमजोर था जब-तब गणित की किताब लेकर मैं उनके पास पहुंच जाती थी। वो रोटी पकाते-

पकाते मेरे सवाल हल कर देती थी। यदि माँ जीवित रहती तो अवश्य वो आगे पढ़ती।

बसन्ती दीदी के पिता धर्मानन्द जोशी जी स्कूल में हैडमास्टर थे।

उनका दृष्टिकोण बहुत उदारवादी था। लड़कियों को भी लड़कों की तरह उच्च शिक्षा मिलनी चाहिए, ऐसा वे अक्सर कहते थे। अचानक पत्नी के चले जाने से उनकी गृहस्थी छितर-बितर हो गयी थी। स्कूल के बाद जो भी समय मिलता वो घर का काम करते थे।बसन्ती दीदी चाहती थी कि उनके पिता को घरेलू काम न करने पड़ें इसलिए वो बहुत जल्दी-जल्दी काम करती थी। दीदी अक्सर सारे कार्य स्वयं कर लेती थी।

पिता का मन भी पढ़ाने का था , बसन्ती दीदी का मन भी पढ़ने का था किन्तु ये सम्भव न हो पाया। आगे की कक्षाओं की पढ़ाई में अधिक समय लगेगा इसलिए सोच समझकर बसन्ती दीदी ने अध्ययन जारी रखने का विचार त्याग दिया।

बसन्ती दीदी ने स्कूल छोड़ दिया मगर पढ़ना नहीं

छोड़ा। हमारे घर में उन दिनों सभी प्रकार की पत्रिकाएं आती थीं।

बसन्ती दीदी सभी पत्रिकाओं को पढ़ती थी। उसके अलावा भी जो मिल जाता उसे पढ़ने का उनका मन होता था।जब- जब समय मिलता मैं उनके पास पहुंच जाती। मुझसे उनका बड़ा स्नेह था।उनके पिता मेरे रिश्ते में ताऊ जी लगते थे।ताऊ जी बहुत सरल , स्नेही और अनुशासित जीवन जीते थे। पत्नी के निधन के पश्चात उन्होंने अपने जीवन को कठोर अनुशासन में बांध लिया था। किसी के हाथ का बना हुआ खाना नहीं

खाते थे। सर्दी हो या गरमी सुबह चार बजे धारे के ठंडे पानी से स्नान करते फिर पूजा-पाठ, खाना बनाना , तत्पश्चात विद्यालय जाते ! शेष घर का सारा कार्य बसन्ती दीदी करती थी।

मैं जैसे ही स्कूल से आती सीधा बसन्ती दीदी के पास पहुंचती , उन्हें स्कूल की हर नयी ख़बर , नयी बातें बताती, वो ध्यान से सब कुछ सुनती। उनकी सहेलियां अभी भी पढ़ रही थी उनके विषय में सुनकर कभी-कभी उनकी काली-काली आंखों से कुछ बूंदें छलक जाती , उन्हें दुखी देखकर मैं उदास हो जाती, अपने आँसुओं को बहने से रोकती।

गांव में सभी उनसे प्रेम करते थे। जब से उनकी मां नहीं रही तब से हर किसी के हृदय में उनके लिये सहानुभूति का सागर हिलोरें लेता था। वो स्वयं भी सारे गाँव में अपनी जैसी अकेली थी। जैसा रूप वैसे ही गुण भी थे।

उनकी आवाज बड़ी मधुर थी। शादी विवाह आदि शुभ अवसरों पर उनकी बहुत पूछ होती , वह इन महफ़िलों की शान होती। मैं तो बसन्ती दीदी के पीछे- पीछे चलती। मेरा वश चलता तो मैं हर समय उनके साथ ही रहती , मुझे भी उनसे अगाध स्नेह था।

कुछ वर्षों के पश्चात जब मैं नौवीं कक्षा में चली गयी तब बसन्ती दीदी ने कहा ,

"अरे समय कितनी जल्दी बीत जाता है। तू नौवीं कक्षा में प्रवेश कर गयी और मैंने स्कूल जाना ही छोड़ दिया। अच्छा तू मुझे अपनी पुस्तकें दिखाना , धीरे-धीरे तेरे साथ मैं भी पढ़ लूंगी , सर्टिफिकेट नहीं मिलेगा

तो क्या, ज्ञान तो हो जायेगा।"

फिर क्या था मैं दीदी को रोज कोई न कोई किताब दे देती। जब भी समय मिलता दीदी पुस्तकों को पढ़ती, समझती फिर मुझे भी समझाती थी। उनकी इस लगन को देख कर मैंने हर विषय की दो- दो पुस्तकें खरीद ली। गणित के प्रश्न तो मैं अक्सर उनसे पूछती ,मुझे आश्चर्य होता कि बिना अध्यापक के उनको कैसे समझ आया होगा, कहने का तात्पर्य ये है कि वो बहुत बुद्धिमान और परिश्रमी थी।

कुछ साल बाद बसन्ती दीदी के विवाह की बातें होने लगी, जबकि वो विवाह के लिये मना कर रही थी। उन्हें अपने पिता की चिंता थी। उनके लिये अच्छे-अच्छे रिश्ते आने लगे , एक दिन उनका विवाह तय

हो गया। मैंने जब सुना तो स्कूल से आते ही उनके घर की ओर चली। दीदी उदास थी। मैंने जैसे ही कुछ पूछना चाहा तो उनकी आँखों से सावन -भादो बरसने लगे मैंने कहा,

"क्या हुआ दीदी?आप इस तरह क्यों रो रही हैं मैं तो बधाई देने आई थी। विवाह तो सभी का एक दिन होता है।"

मेरी बातें सुनकर दीदी ने अपने आँसू पोंछे और धीरे से बोली,

" मुझे अपने पिता की चिंता है।"

" ताऊ जी की चिंता क्यों करती हैं आप , कुछ सालों में देवकान्त दाज्यू का विवाह हो जाएगा , फिर सब ठीक हो जाएगा। वैसे भी जब से ताई जी नहीं रही तब से ताऊ जी बड़े ताऊ जी के घर ही अधिक रहते हैं। "

मेरी बातें सुनकर दीदी बोली,

" अरे तू तो मुझसे अधिक समझदार हो गयी है।"

मेरा कहा सुनकर बसन्ती दीदी के चेहरे पर हल्की मुस्कुराहट बिखर गयी , उन्होंने मुझे खाने को मिठाई

दी। थोड़ी देर के पश्चात तनिक सकुचाते हुए उन्होंने अपने होने वाले पति की तस्वीर दिखायी। लड़का दिखने में अच्छा था। मैंने दीदी से और जानकारी पूछी तो पता चला कि होने वाला दूल्हा पढ़ा लिखा , अच्छी सरकारी नौकरी करता था। सब जानकर, बहुत ख़ुशी हुई।

उस दिन मैं कुछ ज्यादा देर दीदी के पास बैठी रही , मैं ये कल्पना कर रही थी कि दीदी की जुदाई मेरे लिए असहनीय होगी , किन्तु दीदी विदा तो होगी ही, मुझे तनिक अपनी भावनाओं को संभालना पड़ेगा। हमने बहुत देर तक बातें की , मुझे ऐसा लग रहा था जैसे दीदी कल ही जाने वाली हो।

बसन्ती दीदी के विवाह की तैयारी होने लगी। बिन माँ की लड़की, गाँव में सभी लोग बहुत उत्साहित थे। हर कोई चाहता था कि वो कुछ न कुछ सहायता करे ताकि विवाह समारोह में कोई कमी न रहे।

विवाह की तारीख निश्चित हो गयी थी। दीदी के लिये शादी का लहंगा और साड़ियां खरीदने मैं गई थी। उनकी सुंदरता के अनुरूप ही मैंने उनके परिधान पसंद किये थे। दीदी ये सब देखकर बहुत ख़ुश हुई।

बहुत धूमधाम से विवाह हुआ। विदा की बेला में सारे गाँव की आँखें नम थी। मुझे तो ऐसा लगा जैसे सारा गाँव ही चला गया हो। बड़ी मुश्किल से मैंने अपने को समझाया।

किसी कारणवश दीदी पन्द्रह दिन के पश्चात मायके लौटी मैंने देखा बसन्ती दीदी में नवविवाहिता की स्वाभाविक नज़ाकत का

अभाव था। उनके पति शक्ल- सूरत में तो बहुत अच्छे थे मगर वो कुछ तटस्थ से लग रहे थे। लोगों से मिलने में वो अपने को असहज अनुभव कर रहे थे।

दो दिन मायके रहने के पश्चात दीदी ससुराल चली गई , मैं बहुत दूर तक उन्हें पहुँचाने गई थी। पता नहीं क्यों मुझे कुछ स्वाभाविक नहीं लग रहा था। नवविवाहित जोड़े देखे थे मैंने , उनमें जो मधुरता, जो उल्लास ,और जो उमंग होती है वो छुपाने से छुपती नहीं बल्कि छलक- छलक जाती है।एक ही दिन में ऐसा लगता है जैसे सदियों का परिचय हो , सबसे नज़रें चुराते भी हैं , चोरी से आस- पास देखते भी है। कदम जमीन पर नहीं पड़ते , आँखें पल-पल झुकती हैं , पल-पल उठती हैं।सामान्यतः नव दम्पति को परिचय देने की आवश्यकता नहीं , उन्हें देख कर पता चल जाता है कि वो नव विवाहित हैं। फिर बसन्ती दीदी इतनी निर्लिप्त क्यों हैं ? उनके पति उखड़े-उखड़े से क्यों लग रहे हैं? यही मैं सोचती रही।

बसन्ती दीदी को चार महीने हो गये ससुराल गए , अभी नयी-नयी शादी है ! ससुराल वालों ने कुछ दिनों के लिए भेजना था। ताऊ जी ने संदेश भिजवाया था , चिट्ठी भी भेजी थी किन्तु उनकी तरफ़ से कुछ प्रत्युत्तर

नहीं मिला। कुछ दिन इंतज़ार करने के पश्चात ताऊ जी स्वयं दीदी को लिवाने उनके ससुराल पहुँच गए।

मैं बड़ी बेसब्री से दीदी का इंतज़ार कर रही थी। मेरी प्रतीक्षा समाप्त हुई दीदी आ गई। जैसे ही दीदी पर नज़र पड़ी ..मैं स्तब्ध सी उन्हें देखती रह गयी। बसन्ती दीदी पहचान में नहीं आ रही थी। न वो रूप, न वो रंग , न वो खुशबू , मैं सोचने लगी

वो सुन्दर फूल सा मुखड़ा भरी बहार में क्यों मुरझाया होगा ? मैं जाने क्या- क्या सोचने लगी। मन हुआ दीदी से अभी इसी वक्त उनकी उदासी के विषय में कुछ पूछूं , फिर सोचा अभी तो कुछ दिन रहेंगी , फिर पूछ लूंगी।

मुझे स्कूल से घर जाने की उस दिन बहुत जल्दी

हुई थी। मन में उत्साह का समुद्र लहरा रहा था। छुट्टी होते ही मैं पहुँच गई दीदी के पास, कि आज तो उनसे उनके ग़म का सबब पूछेंगे।

जैसे ही दीदी के पास पहुँची , उनके चेहरे में ख़ुशी का हलका सा रंग झिलमिलाने लगा। मै उन्हें ख़ुश देखकर बोली ,

" दीदी कितने दिनों के पश्चात आपका यों ख़ुश होना देखा।"

दीदी तुरंत बोली,

"इतने दिनों के बाद ये स्नेह भरे शब्द सुन रही हूँ।"

मैं बोली,

" आज मैं आपके साथ हूँ। जी भर के बातें करेंगे।"

जब दीदी का सारा काम हो गया तब मैं बोली,

"चलो बातें करते हैं।"

जिस सोफे पर दीदी बैठी थी , उसी पर बैठ गई और बोली,

"दीदी अब आप अपने ससुराल की बातें बताइये।"

"क्या बताऊं ? कुछ ऐसा नहीं है जो बताया जाए, बस वहां की बातें ऐसी हैं जिन्हें छुपाना ही अच्छा है !"

"तो क्या आप चुपचाप यों ही घुटती रहेंगी।"

उत्तर में दीदी बोली,

"मेरा प्रारब्ध यही होगा बहना।"

"नहीं दीदी मैं आपकी उदासी का सबब जान के रहूंगी।"

" क्या करेगी जान के?"

" मैं जानना चाहती हूँ क्योंकि मैं आपसे बहुत स्नेह करती हूँ।"

यूँ तो दीदी बताना नहीं चाहती थी। मेरे बहुत पूछने पर थोड़ा बहुत उन्होंने मुझे बताया। वो धीरे- धीरे कहने लगी,

"विवाह के प्रारम्भ में तो सब ठीक था। ससुराल वाले जैसे होने चाहिए वैसे ही थे सब , पति भी ठीक- ठाक थे, मैं ख़ुश थी। लेकिन फिर वो हुआ जो मैंने सपने में भी नहीं सोचा था।"

बड़ी उत्सुकता से मैं बोली,

"क्या हुआ दीदी?"

"मेरे पति को संदेह हुआ मुझ पर। "

"कैसा संदेह?"

"वो राकेश था न मेरे साथ पढ़ता था। मैंने तो पढ़ना छोड़ दिया किन्तु राकेश पढ़ने के लिये अल्मोड़ा चला गया। उसे पता था कि मुझे पुस्तकों से प्रेम है। एक दिन उसने मुझे धर्मवीर भारती जी का प्रसिद्ध उपन्यास 'गुनाहों का देवता' मेरे जन्मदिन पर गिफ्ट दिया था। उपन्यास के मुख पृष्ठ पर उनकी ही एक कविता की चार पंक्तियाँ भी लिख दी थी। मैंने जब 'गुनाहों का देवता' पढ़ी तो मुझे बहुत अच्छी लगी इसलिए मैं उस किताब को अपने साथ ले गयी। एक दिन मैंने वो पुस्तक निकालकर

टेबल पर रख दी। सोचा जब कभी इच्छा होगी तो पढ़ लूंगी। एक दिन उन्होंने वो किताब देखी , और पूछा ,

"ये राकेश कौन है?"

मैंने बड़ी सरलता से उत्तर दिया,

" मेरा एक सहपाठी है।"

"फिर उन्होंने कितने प्रश्न पूछे, मैंने हर प्रश्न का उत्तर दिया किन्तु उनके मस्तिष्क में वो प्रश्न उठ रहे थे जिनकी मैंने कल्पना भी न की थी। मैं बहुत रोई , रात भर रोती रही , उन्होंने एक बार भी नहीं कहा कि अब चुप हो जाओ रो-रो कर जब थक गयी तो अपने आप चुप हो गयी उस दिन से मेरी सारी खुशियों का अंत हो गया। मैं चुपचाप इसलिए रहती हूँ कि पिताजी को इस विषय में कुछ पता न चले , मैं उन्हें दुखी नहीं देख सकती हूँ।" दीदी फिर कातर स्वर में बोली ,

" देख तू किसी से मत कहना। धीरे- धीरे सब सहज हो जाएगा।"

ऐसा कहकर बसन्ती दीदी मुझसे लिपट कर रोने लगी। उन्हें रोते देख मेरी आँखों से भी आँसुओं की झड़ी लग गयी। हम दोनों बहुत देर तक रोते रहे अचानक ताऊ जी आगये, हम दोनों ने जल्दी-जल्दी अपने आँसू पोंछे , मैं भारी मन से अपने घर आ गई।

एक सप्ताह रह कर दीदी ससुराल चली गई। जाते समय हँस - हँस के सबसे बात कर रही थी। आज उन्हें देख कर लगता नहीं था कि उनके हृदय में कितना तीव्र झंझावात चल रहा है! शायद

वे अपने विधुर पिता को ये बताना नहीं चाहती थी कि वो कितनी दुखी है।

बसन्ती दीदी को ससुराल गये लगभग एक वर्ष हो गया था। दीदी के चचेरे भाई दो बार उन्हें लेने गये थे, दीदी ने मना कर दिया जबकि ससुराल वाले जाने को कह रहे थे। मेरे मन में अनेक तरह के विचार

आ रहे थे। सोच रही थी शायद अपने पति को अपनी सच्चाई का प्रमाण दे रही होंगी। मगर मेरी चिंतायें हर दिन बढ़ती जा रही थी।

एक दिन मैं स्कूल से आ रही थी मैंने देखा दीदी लोगों के घर के आगे भीड़ जमा थी। मेरा दिल अनजान आशंका से काँप रहा था।

मेरा भय और बढ़ गया। मुझे दीदी लोगों के घर जाने की हिम्मत नहीं थी। आस -पड़ोस से पता किया , कि धर्मानन्द ताऊ जी के घर के बाहर भीड़ क्यों है ? पड़ोस की एक चाची जो वहां से आ रही थी बोली। " अरे तुझे पता है बसन्ती ने नदी में कूद कर जान दे दी। "

बसन्ती दीदी ने जान दे दी कुछ समझ में नहीं आ रहा था। मुझे उन पर गुस्सा भी आ रहा था।मैंने नहीं सोचा था वो इतनी कमजोर निकलेंगी। आँखों से एक बूँद आँसू नहीं बहा , हृदय हाहाकार कर रहा था किन्तु आँख सूखी ही रह गयी।

# तू कितनी अच्छी है

उन दिनों गाँव में, मैं अकेली लड़की थी जो कॉलेज जाती थी। वैसे तो हमारा गाँव छोटा सा है। आज जब बहुत कम लोग रह गये हैं किन्तु आज भी पूरा गांव एक परिवार की तरह ही है।

मेरे रिश्ते के दो चार भाई फौज में थे। फौजी लोगों के पारिवारिक जीवन में अकेलापन होता है। साल में दो महीने की छुट्टी एवं बीस- बाईस दिन बीच में ..इतनी ही छुट्टी मिलती है। इतने दिनों अपने घरों से दूर रहना वो भी बहुत दूर सीमाओं पर ..बहुत कठिन होता है।

मेरी भाभियाँ थी नई- नवेली दुल्हन किसी की शादी को दो साल , किसी की शादी को तीन साल , किसी की शादी को सिर्फ छह महीने ही हुए थे। जिसकी शादी को सबसे कम समय हुआ था उस भाभी की और मेरी उम्र बराबर थी ..., वो बहुत सुन्दर, बहुत प्यारी थी लेकिन पढ़ी लिखी बिल्कुल नहीं थी।

एक दिन मैं स्कूल से आ रही थी। मैंने देखा रेखा भाभी रास्ते में खड़ी मेरी बाट जोह रही थी, मैं बोली,

"भाभी क्या बात है।"

" तुझसे जरूरी काम है।"

" कहिए भाभी।"

"तेरे दाज्यू की चिट्ठी आयी है , पढ़ दे।"

इतना कहते हुए लाज और ख़ुशी के मिश्रित रंग से उनका मुख मंडल उषा से भी सुन्दर , पूर्णिमा के चांद से भी अधिक अप्रतिम छवि लिये..मन्द-मन्द हास बिखेरने लगा।

मुझे सद्य पढ़ी प्रसाद की पंक्तियां याद आ गयीं।

"अभिलाषा अपने यौवन में

उठती उस सुख के स्वागत को

जीवन भर के बल वैभव से

सत्कृत करती दूरागत को"

लज्जा मैं एक अनोखा आकर्षण होता है। भाभी को शरमाते देख मैं एक असमंजस की स्थिति में थी।

इस तरह का पत्र मैं पहली बार पढ़ने वाली थी। किसी सहेली का होता तो एक बात थी किन्तु ये तो मेरे भाई साहब का पत्र था अपनी नवविवाहिता पत्नी के लिये ..संकोच तो मुझे भी हो रहा था। अचानक विचार आया ददा को पता तो है कि मेरी पत्नी शिक्षित नहीं है।

मैंने कहा भाभी चलो उस खेत के किनारे बैठें। खेत के नुक्कड़ पर बैठकर मैं पत्र पढ़ने लगी, भाभी भाव- विभोर होकर एक-एक शब्द सुन रही थी जैसे बूंद-बूंद अमृत पान कर रही हो। पत्र जैसा मैं सोच रही थी वैसा नहीं था यानी रोमैंटिक टाइप , शायद भाई साहब जानते होंगे कि उनकी पत्नी पत्र पढ़ नहीं सकती , किसी दूसरे से ही पढ़ाएगी , इसलिए सिर्फ़ अपने बारे में ही लिखा था कि उन्हें किन दुरह स्थानों पर कठिन ड्यूटी करनी पड़ती है।पत्र की एक पंक्ति थी,

" मैं बहुत ऊंचाई

पर हूँ ,जिधर नजर डालो बर्फ ही बर्फ है,दूर-दूर तक एक कौवा भी नहीं दिखता।"

जैसे ही ये लाइन मैंने पढ़ी , भाभी की आँखों से आँसू की कुछ बूँदें टपक गयी ..मेरा हृदय भी द्रवित हो गया। मैंने कहा,

" अरे भाभी आप क्यों परेशान हो रही हैं ! दाज्यू को ऐसी जगहों में रहने की ट्रेनिंग दी जाती है ताकि वो ख़ुशी -ख़ुशी देश की सेवा कर सकें।"

पत्र पढ़ लिया था तभी मुझे किनारे पर लिखी ये लाइन दिखी,

" लिखे जो ख़त तुझे वो तेरी याद में

हज़ारों रंग के नजारे बन गये।"

तब तक भाभी ने न कोई फिल्म देखी थी न ये गीत सुना था मगर गुलाब की पंखुड़ी की मानिन्द उनके अधरों में मन्द-मन्द मुस्कान झलकने लगी।

शब्दार्थ भले ही भाभी ने न समझा हो किन्तु उन पंक्तियों में निहित प्रेम संदेश ने उनके प्यार भरे दिल को छू दिया था।मैं कुछ देर मौन हो गयी ! भाभी बोली ,

" तू मेरी चिट्ठी लिख देगी?"

"क्यों नहीं इतवार के दिन लिख दूंगी।"

उस दिन बहुत देर तक सोचती रही कि क्या लिखाएगी भाभी फिर सोचा जो कहेगी वो लिख दूंगी।

मैंने साहित्य में नायिका का विरह वर्णन पढ़ा तो था। सूरदास द्वारा वर्णित विरह, तुलसीदास द्वारा वर्णित विरह, जायसी द्वारा

वर्णित विरह , और भी अनेक कवियों का विरह वर्णन याद आने लगा।

रीतिकाल के कवि बिहारी का एक दोहा बार-बार स्मृति पटल पर आ रहा था -

"कागद पर लिखत न बनत, कहत संदेश लजात

कहिहै सबु तेरो हियो , मेरे हिय की बात"

रविवार को आ गयी भाभी एक लिफाफा लेकर।

कागज कलम निकालकर मैं लिखने बैठी। मैने कहा

"भाभी क्या लिखना है बताइए।"

भाभी बोली,

"अपने शरीर का ध्यान रखना, खाने पीने का ध्यान रखना, पहले शरीर है बाकी चीजें बाद में हैं।

घर की चिन्ता मत करना, यहाँ सब कुशल है, भैंस खूब दूध दे रही है। जल्दी छुट्टी लेकर घर आना , मोहन, पूछ रहा था,जीजा जी कब घर आ रहे हैं दिवाली में मैत (मायका) जाऊंगी।" भाभी बहुत कुछ बोलती रही किन्तु उन्होंने एक बार भी नहीं कहा कि मुझे आपकी बहुत याद आ रही है। मैंने चिट्ठी लिख दी जो वो कहना चाह कर न कह सकी मैंने वो भी लिख दिया। मैं बोली भाभी सुनो मैंने क्या लिखा है ...फिर पूरी चिट्ठी पढ़कर सुना दी। चिट्ठी सुनकर भाभी की आँखों से फिर प्यार के मोती झिलमिलाये , वो धीरे से बोली।

" तू कितनी अच्छी है।"

"आपसे अच्छी नहीं हूँ।"

" मैं तो अनपढ़ हूँ तू पढ़ी लिखी होकर भी कितनी सीधी है।"

"आपने क्यों नहीं पढ़ा भाभी?"

" माँ बाप ने नहीं भेजा वैसे पिता जी तो भेजना चाहते थे मगर माँ ने नहीं भेजा , कहती थी काम तो घर का ही करना है फिर स्कूल क्यों जाना , मेरा बहुत मन था पढ़ने का।"

हम दोनों ने बहुत सारी बातें की , भाभी ने कहा,

"शाम को एक चक्कर आना घर।"

इतना कहकर वो चल दी।

भाभी का मायका हमारे गांव से बहुत दूर था। वहाँ बस नहीं जाती थी , पैदल रास्ता था..पहुंचने में करीब बारह घंटे लगते थे।

एक बार छुट्टियों में , मैं गयी, भाभी ने अपने गाँव का कुछ ऐसा वर्णन किया था कि मैं बिन जाये न रह सकी। वैसे माँ मुझे भेजती नहीं किन्तु ताई जी ने बहुत बार ईजा से मुझे भाभी के साथ भेजने को कहा था। भाभी का जाना अति आवश्यक था। हर बार उनका भाई आता इस बार वो बहुत व्यस्त था क्योंकि घर में बहन का विवाह था।

हम लोग सुबह छह बजे घर से निकले। नीचे उतराई थी, जल्दी - जल्दी उतरे। रास्ते में एक दो गांव के बाद हम पिन्डर नदी के किनारे पहुंचे , कुछ देर, मैं ,नदी को बड़े करीब से देखने लगी ...नदी का निर्मल जल, तीव्र गति ,उठती-गिरती लहरों का मंत्र-मुग्ध करता संगीत, इस सुन्दर मनमोहक दृश्य को देखकर मैं अभिभूत थी। मुझे एकटक नदी को देखते हुए देखकर भाभी बोली, " चल क्या देख रही है कभी गाड़- गधेरे नहीं देखे तूने?हिट(चल) देर हो रही है। हमें दिन रहते ल्वाजिंग पहुँचना

चाहिए , बगड़गाड़ के पास के जंगल को अँधेरा होने से पहले पार करना जरूरी है। वहाँ भालू का डर होता है।"

भालू का नाम सुन मैं जैसे नींद से जागी और कहा,

" अरे मैं तो भूल गयी कि हमने दूर जाना है।"

कुछ देर नदी के किनारे- किनारे चल हम थोड़ी सी चढ़ाई चढ़कर नन्दकेशरी पहुँचे। पहली बार इतना लम्बा पुल देखा , पुल पार करते हुए एक अनोखा अनुभव हुआ।अब हम देवाल पहुँचे, बहुत सुन्दर गाँव था। देवाल बाजार में एक होटल में हमने चाय और समोसे खाये , थोड़ी देर आराम किया , फिर चले , और चलते रहे। अब सीधा रास्ता था रास्ते में दो तीन सुन्दर गांवों के बाद हम ल्वाजिंग पहुँचे। तब वहाँ सुरई के सुन्दर पेड़ों की छाँव में तीन चार दुकानें थी। इतनी मनभावन जगह में मेरा मन कुछ और रुकने को कर रहा था मगर बगड़गाड़ के जंगल को उजाले में पार करना था।

बगड़गाड़ एक छोटी नदी है। उनदिनों उसमें बहुत कम पानी था , बरसातों में बहुत होता है। हम यहाँ पहुँच गये थे। यहाँ से आधा घन्टे की सीधी चढ़ाई और जंगल था, सुना है यहाँ भालुओं ने बहुत से आदमियों को नोच- नोच कर मार डाला। जो बच गये वो बिना चमड़ी के जीवन भर डरावनी शक्ल लिये जीवित रहे।

अब हम चढ़ाई चढ़ते , रास्ते में दो चार गांवों को पार करते " छीबीला" पहुंचे।जैसे ही कदम इस भूमि पर पड़े, अभूतपूर्व आनन्द से रोम- रोम आह्लादित होने लगा, शीतल हवा के मन्द-मन्द झोंके मेरे मन को आनंद सागर में डुबोते चले गये ..दिल ने

कहा यहां से कहीं नहीं जाना है किन्तु हम उठे और पास के गाँव की ओर चले।

घरवाले हमारी प्रतीक्षा कर रहे थे। मेरा खूब स्वागत हुआ पर मेरा मन तो सुबह की प्रतीक्षा कर रहा था। सूरज की रोशनी में इस जगह की शोभा -सुषमा निहारना चाहता था।

चिड़ियों के कलरव से नींद खुली , आँख खुली तो किरनों का उजास चेहरे पर पड़ा, मैं हिमालय के श्वेत- शिखरों के स्वर्णिम स्वरूप को निहारती रही।

थोड़ी देर पश्चात, मैं, बाहर निकली , ऐसा लगा जैसे एक अलग ही दुनिया में पहुंच गई हूँ। अद्‌भुत नज़ारा

था। मैं घूम रही थी घूमते-घूमते थोडी ऊपर गई कि- दृश्य और सुहाना हो गया, मैं 'आजन' में थी यानी मेरे कदम बुग्याल में थे।

वाह! मेरे मुँह से निकला ...ऐसा लगा जैसे स्वर्ग भूमि पर उतर आया हो। इतनी ऊँचाई पर सुन्दर मखमली घास का मैदान जैसे मखमली कालीन बिछी हो। भाभी मेरे साथ थी उन्होंने यहाँ आने से पहले मुझे हिदायत दी थी कि लाल कुर्ता मत पहनना छल लगता है मगर मैंने लाल कुर्ता ही पहन लिया और बोली,

" कुछ नहीं होता है भाभी।"

ये कैसा घास का मैदान था जहाँ मैं ख़ुशी से बौरा गयी थी। ये ख़ुशी अलग तरह की थी , सम्मोहक सुंदरता ने मुझे वशीभूत कर लिया था।मैं दौड़ने लगी इस हरित मैदान का अन्तिम छोर ढूंढने के लिए ..मैं थक गयी पर ओर-छोर का पता न था। सामने नज़र डाली तो हिमालय के श्वेत- शिखर मुझे पुकार रहे थे, मैंने उन मनभावन चोटियों की अलौकिक छवि अपने

हृदय- पटल पर उतार ली थी। ऊपर देखा तो

नीला आसमान मुझे देख कर मुस्कुरा रहा था।मैंने नील गगन को दुपट्टे की तरह ओढ़ लिया। आज भी ओढ़ा है किन्तु मेरे सिवा उसे और कोई नहीं देख सकता। मैं दौड़-दौड़ कर थक गयी ..फिर लेट गयी उठने का मन नहीं था। मैं स्वयं को भूल गयी , एक अजीब सी चाह उठी दिल में कि काश! मैं सदैव यहीं रहती ..इस स्वर्गिक सौन्दर्य का एक हिस्सा बनकर, मगर इच्छाएं किसकी पूरी हुई?

भाभी मुझे जबरदस्ती ले गई।

चार दिन वहां रही जब भी अवसर मिला बिना किसी को बताए , 'आजन' के बुग्याल की सैर कर आती।

फिर लौटने का दिन आया , मन कहता काश! यहीं रहती किन्तु मन की बात कब पूरी होती है।विदा तो होना ही पड़ता है , इस संसार में स्थाई कुछ नहीं फिर दुख क्या करना। यही सब सोचते हुए मैं भाभी के साथ लौट आयी।

रविवार को भाभी फिर चिट्ठी पढ़ाने और चिट्ठी लिखाने आयी। इस बार पत्र विरह की पीड़ा से छल-छला रहा था। पत्र सुनते हुए भाभी की आँखें भी डबडबाई दिखी। इस पत्र में एक शेर लिखा था जो मुझे आज तक याद है क्योंकि उन दिनों शेरो-शायरी से कोई पहचान नहीं थी।

"रौशनी चाँद से होती है सितारों से नहीं

मोहब्बत एक से होती है हजारों से नहीं"

पत्र का उत्तर जब में लिखने बैठी तो मैं बोली भाभी क्या लिखना है। वो बोली,

"घर में बहुत दुख है, जेठानी और ननद लड़ती रहती हैं।

तुम मुझे अपने साथ ले जाओ नहीं तो मैं पहाड़ से कूदूंगी या नदी में छलांग लगाऊंगी।"

ऐसा ही बहुत कुछ कहा भाभी ने , मैंने और बढ़ा-चढ़ा कर लिख दिया !

चिट्ठी पढ़कर भी सुना दी ! पत्र पढ़कर वो बोली

" तू कितनी अच्छी है ....।"

और भी भाभियाँ थी मैं सबके पत्र लिखती , सबके पत्र पढ़ती थी।

ईजा कहती।

" तू यही काम कर पढ़ना लिखना छोड़कर।"

भाभी सुबह-सुबह पानी के धारे पर मिली, बहुत ख़ुश थी , मैने सोचा कल तो बड़ी उदास दिख रही थी -आज अचानक क्या हो गया होगा।

मैंने पूछा,

" भाभी क्या बात है आज बहुत ख़ुश दिख रही रही हैं।"

" अरे तेरे ददा घर आये हैं। कह रहे थे तेरी चिट्ठी मिलते ही आ गया। ये सब तेरे लिखने के कारण हुआ। और ख़ुशी इस बात की है कि वो मुझे भी ले जायेंगे।"

भाभी की बात सुनकर मुझे भी ख़ुशी हुई , किंचित दुख भी हुआ कि वो चली जायेगी - वो मेरी दोस्त भी थी।

गाँव वाले बातें बना रहे थे कि विवाह का एक वर्ष भी नहीं हुआ , सुनील अपनी बहू को ले जा रहा है।

जिस दिन भाभी गयी उस दिन मुझे बहुत बुरा लगा। भाभी मेरे गले लगकर खूब रोई,और कह रही थी,

"तू कितनी अच्छी है।"

कुछ दिनों बाद मैं आगे की पढ़ाई के लिये घर से बाहर चली गयी। पढ़ाई करके घर आयी ही थी कि चट मंगनी पट विवाह हो गया। मेरे पति सेना में होने के कारण उस समय मुझे साथ नहीं ले गये। सिर्फ बीस दिन की ही छुट्टी आये थे।

शादी के एक हफ्ते बाद ही वो नौकरी पर चले गये। जाने के पश्चात उनका एक पत्र आया , जिसमें उन्होंने पहुंचने की ख़बर दी थी। मैंने उत्तर में प्रेम भरा अति सुन्दर पत्र लिखा था, पत्र इतना अच्छा था , लगता था शब्द-शब्द बोल रहे हैं! मैंने अपने लिखे पत्र को स्वयं बार-बार पढ़ा था। मेरे पति को पत्र मिला होगा मगर उन्होंने उत्तर नहीं दिया।मैंने एक, दो पत्र और लिखे पर मुझे अपने पत्रों का उत्तर नहीं मिला। थक -हार कर मैंने पत्र लिखना छोड़ दिया।

मैं बहुत उदास रहने लगी। यही सोचती सब के पत्र मैंने लिखे किन्तु अपने पत्र लिख न पायी। मैं अभी भी अपनी अशिक्षित भाभियों के पत्र लिखती , उनके पति बहुत कम पढ़े लिखे थे किन्तु सप्ताह में दो पत्र सबके आते थे। मेरे पति उच्च शिक्षित , उच्च अधिकारी होने पर भी मैं एक पत्र के लिये तरसती थी। उन दिनों अकेले में मैंने बहुत आँसू बहाये। शायद इसीलिए कहते हैं दीपक तले अँधेरा।

दो साल बाद मैं अपने पति के साथ चली गयी, अभी भी उनके साथ हूँ और बहुत ख़ुश हूँ किन्तु उन दिनों को भूल नहीं पाती , जब मैं अपनी भाभियों के पत्र लिखती और पढ़ती थी।रोज पोस्टमैन की प्रतीक्षा करती थी कि मेरा भी कोई पत्र आया होगा , किन्तु मेरा पत्र नहीं आया। मैं यही सोचती कि मेरे पति क्यों पत्र नहीं लिखते हैं। अक्सर मैं उदास रहती ,मन में तरह-तरह के विचार आते थे।पत्र का बेसब्री से इंतज़ार रहता तब मुझे रेखा भाभी की ये बात याद आती,

" तू कितनी अच्छी है"

# सितारा

चीड़ की नोकदार पत्तियों में बहुत फिसलन भरी होती है। हम उसमें फिसल रहे थे। जंगल में खूब पिरूल भरा

था। फिसलने के लिये पाठी (तख्ती) का प्रयोग कर रहे थे। हम लोग तख्ती लेकर स्कूल जाते थे। ये लकड़ी का चौकोर टुकड़ा होता था जिसे हम कालिख लगाकर रखते थे। हर दिन स्कूल से आकर पाठी में लिखे अक्षर मिटाते फिर उसे काला कर कल के लिये तैयार करते

थे। लिखने के लिये कमेट ( चूने का एक प्रकार) का

प्रयोग करते थे।

मेरी उम्र तब लगभग चार साढ़े चार साल की होगी। मैं अपनी ईजा और छोटे भाई के साथ गाँव में रहती

थी।मेरे पिताजी हमारे गांव से करीब डेढ़ घंटे दूर एक सुन्दर जगह में स्थित कॉलेज में शिक्षक थे। एक बार मेरे पिताजी छुट्टियों में गाँव आये थे , मैं अपने पिता से बहुत स्नेह करती थी। जब वो जाने लगे तो मैंने उनके साथ जाने की बहुत ज़िद की।

बाबू(पिताजी) ने बहुत समझाया मैं मानी नहीं, अंततः उन्हें उस समय, मैं ,जैसी बनी थी वैसी ही मुझे अपने साथ ले जाना पड़ा। मैंने एक पुराना सा फ्राक पहना था, एकदम गांव की बच्ची, हाथ में छोटे-छोटे धागूले, गले में छोटी सी हँसुली और सिर में ईजा ने बहुत सारी छोटी- बड़ी चोटियाँ बनायी थी।

एक डेढ़ घंटे में हम अपने गंतव्य तक पहुँच गये। बस से उतरते ही मेरे बाबू ने मेरे लिये सुन्दर- सुन्दर फ्रॉक खरीदी। उनमें जो सबसे सुन्दर थी मैंने पहन ली।

अब में एक विशाल महलनुमा भवन के सामने थी।

सब कुछ इतना भव्य था , इतना सुन्दर था मुझे लगा जैसे मैं एकाएक परियों के देश में आ गई थी। सड़क के किनारे बहुत ही सुन्दर विशाल कोठी जिसमें शानदार नक्काशी की गई थी। सड़क से लगे दो गेट थे। भवन तक पहुँचने वाले रास्ते के दोनों ओर सुन्दर फूल खिल रहे थे।

चारों ओर फलों के बाग थे जो कि अलग-अलग फलों के थे। आम का बाग, अमरूद का बाग, नारंगी का

बाग , आड़ू का बाग,नींबू, मौसमी, जामेर, गलगल का बाग मेरे लिये सब स्वप्न लोक सा था। यहाँ विशालकाय आँवला, जामुन, तिमुला के पेड़ भी थे। अभी और भी बहुत कुछ देखने लायक था।

क्योंकि मेरे पिता यहाँ के कॉलेज में शिक्षक

थे। इसलिए इन लोगों से मित्रता थी। मैं जैसे ही बरामदे में पहुँची एक सुन्दर, सुरुचिपूर्ण ममत्व की प्रतिमूर्ति महिला ने मुझे बड़े स्नेह से देखा और हाथ पकड़ कर अपने समीप बैठा लिया। उन्होंने मेरी छोटी-छोटी धागुली , हँसुली खोली , मेरे हाथ मुँह धोकर मेरी सुन्दर दो चोटियाँ बनायीं।

चोटी में लाल रिबन बाँधे , अब में बिलकुल बदल गयी थी।

उसपर सोने पर सुहागा ये कि उनकी बेटियाँ एक मुझसे छोटी, एक मेरे बराबर , एक मुझसे बड़ी

थी।ये सब मुझे कौतूहल से देख रहीं थी। मेरा रूप बदलने के पश्चात उनकी ईजा(माँ) बोली,

" अरे नाननतिनो यकैं लै लिजाओ अपड़ दगड़।!" मतलब बच्चो इसे भी अपने साथ ले जाओ।

फिर क्या था सबसे बड़ी लड़की जिसका नाम आभा

था , दूसरी का नाम सरिता जो छोटी थी उसका नाम

मीना था।आभा ने मेरा हाथ पकड़ा और बोली चल खेलने , हम लोगों ने सबसे पहले पेड़ में लगा झूला , झूला, फिर घूमने लगे।

बहुत बड़ा बगीचा था। बगीचे के बीच में एक कुटी थी जिसमें उन दिनों बंगाली बाबा रह रहे थे।तब मैं ये नहीं जानती थी कि ये वही "बंगाली बाबा" हैं जिनका ज़िक्र स्वामी राम ने अपनी पुस्तक "Living with the HIMALAYAN MASTERS" में किया है। बहुत बाद में जब मुझे ये पुस्तक मिली तब मेरे भाई ने कहा,

" दीदी ये वही बंगाली बाबा हैं जिनके विषय में बाबू बात करते थे जिनको तूने बचपन में देखा है।"

असल में मेरे पिताजी के ये दोस्त स्थानीय कत्यूर घाटी के जमींदार और बहुत सारे गांवों के मालिक थे। इनके चाय के बगीचे भी थे। इनकी कोठी के ऊपर का चीड़ का जंगल भी इनका ही था।

पूरे दिन नये दोस्तों के साथ घूमने के पश्चात कब शाम हो गयी पता न चला। हम लोग घर लौट आये थे, देखा सामने पिताजी थे बोले,

" चलो बेटा अब घर चलते हैं।"

तभी आभा बोली ,

"मास्सैप(मास्टर साहब) ये यहीं रहेगी हमारे साथ !"

मैंने भी हामी भर दी। बाबू बोलते रहे किन्तु मैं आभा लोगों के साथ ही रहना चाहती थी। बाबू अकेले चले गये , उनके घर से हॉस्टल जहाँ मेरे पिताजी रहते थे दस, पन्द्रह मिनट का रास्ता था।

उसके बाद पता नहीं क्यों मैं उनके साथ घुल-मिल गई यों लगता था जैसे वही मेरा घर हो। शाम को पिताजी आते और साथ चलने के लिये कहते मगर मैं नहीं जाती थी। धीरे- धीरे मैं उनकी ईजा को ईजा कहने लग गयी।

कुछ दिनों के पश्चात पिताजी ने मेरा एडमिशन पास के स्कूल में करा दिया। फिर बहला -फुसलाकर अपने साथ रखा , नया-नया स्कूल था बाबू ने सोचा होगा, मुझे स्कूल भेजने में इन लोगों पर अनावश्यक बोझ पड़ जाएगा। इसलिए बहुत सारे प्रलोभन देकर मुझे वहाँ से घर लाये।

बाबू सुबह उठते मेरी पाठी काली करते , रिंगाल की कलम बनाते , दवात में कमेट घोलते , रोज मुझे स्कूल तक पहुँचाते थे।

स्कूल में सरिता और मैं एक ही कक्षा में पढ़ते थे। सरिता रोज छुट्टी के समय मुझे अपने घर चलने को कहती ,किन्तु बाबू मेरी पसंद की बिलायती मिठाई का लोभ दिखा कर मुझे अपने साथ ले जाते।

मगर एक दिन मैं सरिता के साथ चली गई। फिर बाबू ने बहुत कोशिश की पर मैं बाबू के साथ घर नहीं लौटी।

मैं फिर सरिता लोगों के घर ही रहने लगी। मेरे पिता कॉलेज से छुट्टी होते ही उनके घर आ जाते मेरी पाठी देखते और स्कूल के बारे में पूछते , मैं स्कूल की हर बात बाबू को बताती। बाबू रोज शाम का खाना खाकर ही वहाँ से जाते थे।

सरिता लोगों के घर में सारी सुविधाएं थी, नौकर -चाकर थे। जहाँ वे रहते थे वहाँ से गाँव थोड़ा दूर थे।

आसपास रहने वाले सभी उनका बहुत सम्मान करते थे। धीरे-धीरे मुझे अधिकांश लोग सरिता की बहन समझने लगे थे।

बच्चों को जैसा बचपन मिलना चाहिए वैसा ही बचपन मैंने जिया। आभा की माँ मुझे अपने बच्चों की तरह ही देखती थी और कहती,

"तेरे साथ पूर्व जन्म का रिश्ता है मेरा।"

मुझे उनके घर रहते हुये एक साल हो गया था। बाबू बार-बार कहते गाँव चल तेरी ईजा तेरी बहुत याद कर रही है। मेरा मन यहाँ से जाने को नहीं करता था। बहुत कहने के पश्चात भी जब मैं नहीं गयी तब एक दिन ईजा छोटे भाई को लेकर वहीं आ गयी।

ईजा के आने के बाद मैं कभी अपने घर कभी आभा लोगों के घर रहती , मेरे दो-दो घर थे। जब जहां मन होता वहां रहती। दोनों घरों के बीच पन्द्रह मिनट का फ़ासला था। जब मैं अपने घर रहती तो सरिता भी कभी मेरे घर आती और हम लोग सारा दिन घूमते- फिरते रहते थे। बहुत सुन्दर दिन थे। आजकल के बच्चों का बचपन कितने बोझ ढोता है...देखकर मन उदास होजाता है। हम लोगों का पढ़ना तो बस स्कूल में ही होता था , घर के लिये होम वर्क भी नहीं मिलता था।

दो साल उनके घर रहकर अब मैं, अपने ही घर रहती थी।ईजा ने कहा तेरा भाई अकेले उदास हो जाता है अब तू यहीं रह , न चाहते हुये भी रहना पड़ा..किंतु स्कूल के बाद कभी- कभी मैं सरिता लोगों के घर चली जाती, अपने साथ अपने भाई को भी ले जाती थी।

स्कूल में मेरी एक और अच्छी दोस्त बन गयी थी उसका नाम शान्ति था। शान्ति की माँ नहीं थी , उसके पिता स्कूल के पास ही चाय बिस्किट, आलू के गुटके आदि छोटी-छोटी चीजों की दुकान करते थे। अब स्कूल में, सरिता, मैं और शान्ति साथ-साथ खेलते थे। आभा तो बड़े स्कूल (इंटर कॉलेज) में पढ़ती थी इसलिए स्कूल के समय आभा मेरे साथ नहीं रहती , सरिता और मैं एक ही कक्षा में पढ़ते थे। सरिता के साथ मेरी घनिष्ठता दिन प्रतिदिन बढ़ती जा रही थी।हम दोनों शान्ति के पिताजी की दुकान से आधी छुट्टी में आलू के गुटके खाते थे।

रविवार के दिन सुबह होते ही मैं सरिता लोगों के घर पहुँच जाती , वहां नाश्ता करती,वहीं सबके साथ पढ़ती,फिर हम लोग घूमने निकलते थे। स्यूँतों ( चीड़ के फल) के मौसम में खूब मज़ा आता दिनभर चीड़ के जंगल में फिरते , ज़मीन में गिरे हुए स्यूँतों को खोजते यदि एक भी स्यूँत मिलता तो ऐसा लगता जैसे हीरे मोती मिल गये हों। बहुत मेहनत करके एक मुट्ठी स्यूँते ही जमा कर पाते फिर सब मिल के खाते थे।

विवाह के मौसम में जैसे ही बाजे बजने की आवाज़ आती हम सड़क की ओर दौड़ते। दूर की बारातें वहाँ थोड़ी देर विश्राम करती , दुल्हन की पालकी ज़मीन में रख दी जाती , तब हम लोग घूंघट उठाकर दुल्हन को देखते। एक दिन एक दुल्हन

जिसने बहुत बड़ी नथ पहनी थी , घूंघट उठाते समय नथ हिल जाने से उसने मुझे डांट दिया था।

रामलीला के दिनों में हम लोग रामलीला देखने

जाते थे। सीता स्वयम्बर के दिन शिव-धनुष टूटने पर ...कुल्हाड़ी लिये क्रोधित परशुराम जब लक्ष्मण को डांटने लगते तो मैं डर कर रोने लगती पिताजी बहुत चुप कराते किन्तु मैं मानती नहीं और

धाराप्रवाह रोती रहती, तब बाबू गोद में उठाकर आधी रामलीला से मुझे घर लेकर आ जाते थे।

दिन बहुत सुन्दर बीत रहे थे। मैं दूसरी कक्षा में पढ़ती थी। सरिता भी दूसरी कक्षा में पढ़ती थी। अब मैं अधिकतर अपने ही घर रहती ,कभी- कभार जब सरिता ज़िद करती तो फिर उसके घर चली जाती , मेरे लिये उस घर में सदैव पुत्री की तरह ही सलूक होता था।

उन दिनों करीब बीस, पच्चीस दिन होगये थे मुझे सरिता के घर गये हुए। हमारे स्कूल में छुट्टियां थी। बाबू भी दो चार दिनों से रात में देर से आ रहे थे। ईजा ने कारण पूछा तो पिताजी बोले,

" सरिता की तबीयत कुछ खराब है।"

मैंने पूछा " बाबू क्या हुआ सरिता को।"

" कंधे में दर्द हो रहा है , बुखार भी है।"

"अच्छा तो कल मैं जाऊंगी।"

बाबू बोले,

" उसे आराम की जरूरत है। जब ठीक हो जाएगी तब जाना!"

एक हफ्ते से तो बाबू रात को देर में आ रहे थे किन्तु एक दिन रात भर नहीं आये। दूसरे दिन जब लौटे तो उदास थे। मैंने पूछा,

" बाबू आज मैं जाऊँ , बहुत दिन हो गये सरिता से मिले। "

मेरा ऐसा कहना था कि बाबू की आँखों से आँसू टपकने लगे , रोते- रोते बोले

" सरिता अब नहीं है।"

"कहाँ गयी ?"

"एक जादूगर ने उसे तारा बना दिया , शाम को जो तारा पहले निकलेगा वो सरिता होगी।"

मेरी समझ में कुछ न आया मैंने पूछा ,

" क्या मैं भी तारा बनूंगी?"

बाबू मुझे गोद में लेते हुए बोले,

" नहीं बेटा ऐसा नहीं कहते।"

मैं इस विषय में जितने भी प्रश्न करती , मेरे पिता कुछ उत्तर नहीं देते , जब मैं चुप ही नहीं होती तो कहते

" बेटा ये बातें तेरी समझ में अभी नहीं आयेंगी।

एक महीने के बाद जब स्कूल खुला आधी छुट्टी में, मैं, सरिता के घर गयी देखा वो लोग वहां नहीं थे। बहादुर चाचा (नौकर) से पूछा तो बोले,

" सरिता के दुख से दुखी होकर वो लोग लखनऊ चले गये हैं।"

मैं लौट आयी मेरा अपरिपक्व मस्तिष्क ये सब समझने की कोशिश तो करता पर कुछ समझ न पाता।

इस घटना के चार पांच महीने बाद मेरे पिता का वहाँ से ट्रांसफर हो गया। जितनी ख़ुशी से यहाँ रही थी उतना ही बोझ लिये यहाँ से विदा हुई।

यहाँ से चली पर सरिता को भूली नहीं , जब भी अकेले होती सरिता के बारे में सोचने लगती।

वर्षों पश्चात जब मैं थोड़ा बड़ी हुई तब जाना कि सरिता कौन सा सितारा बनी। आज भी सरिता नाम जब सुनती हूँ तो मैं चौंक उठती हूँ।

संसार में स्थाई कुछ भी नहीं है। किन्तु जब भी अकेले होती हूँ वो सब याद आता है ..वो लोग, वो दोस्त, वो जगहें और वो घटनाएं जिन्होंने मेरे बाल मन को बहुत गहरे तक स्पर्श किया। जीवन भर के लिये असीम ख़ुशी के साथ गहरे दुख से भी परिचय कराया।

# धुमरी

धुमरी हमारी गाय थी। मैं दूध तो नहीं पीती थी किन्तु धुमरी को बहुत प्यार करती थी। जब स्कूल की छुट्टी होती धुमरी के लिये हरा-हरा घास काट के खिलाती। सुबह- सुबह गुड़ और रोटी खिलाती। धुमरी भी मुझे प्यार करती थी। सुबह-सवेरे जब मुझे देखती बैं ...बैं....करती , मैं उसके समीप जाती कुछ न कुछ अवश्य खिलाती।

नवीं कक्षा में सर्वप्रथम मैं अपने गाँव आई , तभी देखा कि गाय को कैसे पालते हैं। घास काटना भी सीखा किन्तु कभी उसके बहुत निकट नहीं गई। ईजा दूध दुहती थी, दुहने से पहले बछिया को पल भर थन पर लगाती , वो एक दो घूँट ही पी पाती कि उसको हटा दिया जाता। उसके बाद ईजा दूध निकालने लगती। मुझे ये बुरा लगता , मैं सोचती दूध पर पूरा अधिकार तो बछिया का है। हम लोग तो उसका खाना छीन रहे हैं। इस विषय में, मैं बहुत सोचती थी। जब भी मुझे अवसर मिलता मैं बिन्दी को (बछिया का नाम) उसकी माँ के पास छोड़ देती वो बहुत ख़ुश हो जाती और उछल-उछल कर दूध पीती , उसे अपनी माँ का दूध पीते देख एक अद्‌भुत तृप्ति मेरे रोम- रोम में समाहित हो जाती। जिस भी दिन मैं बिन्दी को दूध पिलाती उस दिन धुमरी बहुत कम दूध देती। जब लगातार धुमरी का दूध देना कम हो गया तब ईजा लोगों से पूछती , टोने- टोटके करती पर समस्या बनी रही धुमरी का दूध बढ़ा नहीं। एक दिन ईजा ने

मुझे देख लिया और वो समझ गयी कि गाय दूध क्यों नहीं दे रही है। सच्चाई जानकर ईजा ने मुझे बहुत डाँटा था। सारे गाँव में ये बात फैल गयी कि मैंने बछिया को गाय का दूध पीने छोड़ दिया। मेरी समझ में ये नहीं आया कि मैंने गलत क्या

किया ,आखिर माँ के दूध पर उसके बच्चे का ही तो हक होता है। मैंने तब से दूध नहीं पिया , दही नहीं खाई। धुमरी की मैं जितनी हो सके उतनी सेवा करती थी। स्कूल जाते समय उसको देख कर जाती , आते समय उसके लिए कुछ हरे पत्ते या हरी घास लाती। मेरे गाँव और स्कूल के रास्ते के मध्य बहुत घना जंगल था कुछ न कुछ मिल ही जाता था। बरसात के दिन हुए तो झाड़ियों के बीच से एक मुट्ठी हरी घास तोड़ लेती , जाड़ों के दिन हुए तो एक टहनी बाँज की,मार्च अप्रैल हुआ था कोमल नयी पत्तियां , कुछ न हुआ तो रोटी और गुड़ दे देती। मुझे लगता था धुमरी भी मेरा इंतजार करती थी।

छुट्टी के दिन मैं सब बच्चों के साथ अपनी गाय को जंगल में चराने ले जाती थी। सब एक जगह बैठे रहते किन्तु में धुमरी को तनिक भी आँख से ओझल नहीं होने देती। सबसे मुश्किल मुझे घर लौटते समय आती क्योंकि मोटर रोड से आना होता, यदि कोई वाहन आ जाता तो मैं डर जाती , मैं सोचती गाड़ी को देखकर धुमरी डर के इधर-उधर दौड़ेगी ....कहीं नीचे न गिर जाए, कहीं दब न जाए यही सोचती रहती। मैं अपनी गाय को सबसे पीछे रखती कि कोई और गाय उसे धक्का न दे दे।

जानवर भी एकदम आदमी की तरह ही होते हैं। उनमें प्यार होता है ,समझ होती है और कृतज्ञता भी होती है। अपने मालिक को पहचानते हैं। मालिक के अलावा और किसी को दूध नहीं निकालने देते हैं। वैसे भी हिन्दू गाय को माँ के समान

मानते हैं। मानना भी चाहिए ...कहते हैं कि गाय का दूध नवजात शिशुओं के लिये माँ के दूध के बाद दूसरा विकल्प है। आजकल तो बाजार में बहुत किस्म के सुपाच्य, पौष्टिक मिल्क पाउडर मिलते हैं। पहले नहीं मिलते होंगे ..उस समय जो माँ किसी कारण बस अपने नवजात बच्चे को अपना दूध नहीं पिला सकती हो या कोई शिशु मातृ विहीन हो जाता होगा...तब गाय का दूध माँ के दूध की तरह शिशुओं का पोषण करता होगा।

मैं रोज तो अपनी गाय को चराने जा नहीं सकती थी। ईजा लोगों की गायों के साथ भेज देती , शाम को सब के साथ हमारी धुमरी भी लौट आती थी। एक दिन सबकी गायें लौट के घर आ गयीं किन्तु हमारी धुमरी नहीं आई। हमें चिंता होने लगी , गोधूलि वेला समाप्त होने को थी ! धीरे-धीरे अंधेरा बढ़ने लगा , मैं बहुत चिंतित हो गई। मैंने ईजा से कहा चल देखने चलते हैं। ईजा बोली " इस अंधकार में कहाँ जाएँ , बाघ, भालू का डर है।"

मैं बोली " धुमरी को भी तो उनका डर है।"

"अब गाय के लिए अपनी जान तो नहीं दे सकते हैं।"

ईजा ने तुरन्त उत्तर दिया।

मैंने कहा,

"ऊपर धार तक तो जा सकते हैं, वहाँ से उसे आवाज़ लगाएंगे।"

बड़ी मुश्किल से ईजा मानी , हम दोनों धार में पहुँचे , मोटर रोड पर खड़े होकर हमने धुमरी को आवाज़ लगायी धुमरी sssधुमरी sssधुमरी sssधुमरी

हम यूँ ही आवाज़ लगा ही रहे थे कि अचानक दूसरी ओर से बैं sssबैंsss.की आवाज़ आयी। मेरी ख़ुशी का ठिकाना न था। अब ये सुनिश्चित हो गया था कि धुमरी जीवित है। थोड़ी देर इन्तज़ार के पश्चात हमने देखा कि धुमरी ठीक रास्ते से आ रही थी। उस समय मुझे जो ख़ुशी हुई उसके लिये शब्द नहीं हैं...सिर्फ़ एक अनोखी सुखद अनुभूति हुई, जिसे हृदय ने अनुभव किया और अभी भी वही अनुभूति हो रही है जब मैं उस क्षण का वर्णन कर रही हूँ।

धुमरी लौट आई मैंने उस दिन उसे सिसूँड़ (बिच्छू घास) के पत्ते और डंठल खाने को दिए , मैं तो बड़ी मुश्किल से एक दो डंठल ही काट पाई ...वो भी बिना स्पर्श किए , बिच्छू घास छूने से बहुत जलन , खुजली और दाने हो जाते हैं। मुझे आश्चर्य होता कि धुमरी कैसे सिसूँड़े को इतने स्वाद से खाती थी।

खेतों के धान कट गए थे। अब खेतों में सभी ने अपने गाय बैलों को घास चरने के लिए छोड़ दिया था मैंने भी अपनी धुमरी को खेतों में चरने छोड़ दिया। धुमरी खेतों में चर कर ख़ुश थी। हर दिन उसे सुबह खाली खेतों में छोड़ देती शाम होते ही वो घर आ जाती थी।

वो दिन बहुत बुरा दिन था जब अचानक किसी ने ख़बर दी कि हमारी धुमरी को किसी दूसरी गाय ने धक्का मार कर एक खाई में गिरा दिया है। मैं दौड़ के गयी धुमरी गिरी थी पर जिन्दा थी। मैंने उसे पानी पिलाया , वो मेरी ओर एकटक देख रही थी ...उसका इस तरह देखना मेरे दुख को बढ़ा रहा था।

हम मजदूरों की सहायता से धुमरी को घर लाये। पशु चिकित्सक को बुलाया गया , चिकित्सक ने इंजेक्शन लगाया

दवाइयाँ दी। धुमरी ने खाना छोड़ दिया , आवाज़ भी नहीं निकलती थी। बिन्दी भी दूध नहीं

पी सकती थी। मैं एक हफ्ते तक स्कूल नहीं गयी ...लेकिन परिणाम कुछ न निकला , एक दिन धुमरी अपनी बछिया को छोड़ चली गयी और हम देखते ही रह गए , कुछ नहीं कर सके , हमारे हाथ में था भी क्या??

बिन्दी अकेले रह गई , मैं उसे अब दुगना प्यार करने लगी। धीरे- धीरे बिन्दी बड़ी होने लगी। मैं बिन्दी के देखभाल में अधिक समय व्यतीत करने लगी , मेरे पिता को मेरी पढ़ाई की चिंता होने लगी और उन्होंने निर्णय लिया कि बिन्दी को किसी को दे दें।

अच्छी परवरिश से बिन्दी जल्दी- जल्दी बड़ी होने लगी , मेरा सारा बचा समय उसी को देखने में जाता था। मैं उसके लिये हरी- हरी घास लाती थी। एक बार मैंने अपनी बगीचे की राई तोड़-तोड़ कर उसे खिला दी। मुझे देखकर कोई कहता ,

" कौन सी दूध देने वाली गाय है , जो तू इतना सब उसके लिए कर रही है।"

ये सब सुनकर मैं यही सोचती , क्या बिना स्वार्थ के स्नेह नहीं हो सकता?

मैं बिन्दी को बेचने के लिये तैयार नहीं होती थी। पिताजी ने बहुत समझाया तब जाकर मानी किन्तु मेरी शर्त ये थी कि वो अच्छे और समृद्ध लोगों के घर

जाए ,जिनके खूब खेत हों। हर दूसरे दिन कोई न कोई

बिन्दी को लेने आ जाता , मैं उनसे बहुत सवाल करती , उत्तरों से संतुष्टि न मिलने के कारण मैं मना कर देती

थी। मैंने पिताजी से कह दिया कि बिन्दी को बेचेंगे नहीं, बस किसी अच्छे घर के लिये विदा कर देंगे।

पिताजी मेरी बात से ख़ुश हुए और बोले " तुम्हारी भावना की इज्जत करता हूँ। मैं उसे किसी को नहीं देता किंतु तुम्हारी पढ़ाई में व्यवधान पड़ रहा है इसलिए दे रहा हूँ।"

अन्त में मेरे पिता के परम मित्र मिश्रा जी, जो मुझे पढ़ाते थे उनको बिन्दी दे दी। उनका कोई आदमी बड़े स्नेह से बिन्दी को ले गया, ऐसा लगा जैसे किसी लड़की को ससुराल भेज रहे होंगे। बिन्दी चले गई बहुत बुरा लगा , उस दिन मैंने खाना भी नहीं खाया।

दूसरे दिन सुबह जब मैं उठी तो स्तब्ध रह गई ...मैंने देखा बिन्दी अपने गोठ के सामने खड़ी है...मुझे देखकर बैं...बैं...करने लगी , मेरी आँखों से कुछ बूँदें ढुलक

गयीं , मैंने बिन्दी को गले से लगा लिया। मिश्रा सर का घर हमारे गांव से लगभग दो, तीन किलोमीटर होगा। बिन्दी गाँव से नीचे की ओर कभी गई नहीं थी , समझ न आया कि आखिर उसने रास्ता पहचाना कैसे ?

बिन्दी के आने के पाँच छह घंटे के पश्चात वो आदमी फिर आया आते ही बोला " बिन्दी यहाँ आई क्या?" मैंने हाँ में उत्तर दिया।

ले जाने वाला भी आश्चर्य कर रहा था।

बोलने लगा,

" ऐसी घटना पहली बार देख रहा हूँ।"

मैं मौन हो गई क्योंकि उसे अभी भी भेजना ही था।

बहुत सोच समझकर पिताजी उस आदमी से बोले

"अब आप इसकी आँखों में पट्टी बाँधकर दूसरे रास्ते से ले जाइये।"

"आप ठीक कह रहे हैं।" उसने कहा ..

बिन्दी विदा हो गयी कभी न लौटने के लिए !

मेरी कोई बेटी नहीं है सोच रही हूँ बेटी को विदा करना कितना कठिन होता होगा, जब मेरा विवाह हुआ था, ..मेरे पिता इतने दुखी हुए कि बीमार पड़ गए , दो दिन बाद ससुराल से लौटी तो पिताजी बिस्तर में लेटे थे। पिताजी की मन:स्थिति देखकर मैं एक हफ्ते रुक के ससुराल गई थी।

किसी का विदा होना सबसे अधिक कष्टदायक होता है।

# चकोर

हम जिस हॉस्टल में रहते थे वो बड़े- बड़े चीड़ के पेड़ों से घिरा था। हमारे अलावा वहाँ और कोई नहीं रहता था। उस हॉस्टल में दो कमरे नीचे थे , दो कमरे ऊपर थे , नीचे खाना बनाते थे और ऊपर सोते थे। साधारणतः हम लोग आठ बजे तक खाना खा लेते थे।

उस दिन खाना खाने में देर हो गयी , साढ़े आठ बजने वाले थे। अब हम लोग ऊपर जाने की तैयारी कर ही रहे थे कि अचानक हवा चलने लगी हमने सोचा ऐसी ही हवा होगी किन्तु हवा ने तूफ़ान का रूप ले लिया। तूफ़ान ने धीरे - धीरे विकराल स्वरूप धारण कर लिया था। दरवाजे , खिड़कियों की चिटकनी टूट गयी , पिताजी और ईजा(माँ) हाथ से दरवाजे पकड़े हुए थे।मैं उस समय दस साल की थी और भाई- बहन छोटे थे। खिड़कियाँ तो टूट चुकी थीं , दरवाजे ईजा, बाबू ने,हाथ से रोके हुए थे। मैं अपने छोटे भाई बहनों को एक कोने में संभाले हुए थी।

घर के अन्दर भी पूरी हलचल हो रही थी हम लोग बुरी तरह डर गये थे किन्तु पिताजी मुझे चिल्लाते देख कहते,

" कुछ नहीं बेटा सब ठीक हो जाएगा।" ,

ये सुनकर मुझे लगता कि अब तूफ़ान बंद होने वाला है।

तूफ़ान एक घंटा चला। जब बंद हो गया तब भी हम ऊपर की मंजिल में सोने नहीं गए , उस रात छोटे भाई-बहनों को ऐसे ही जो कुछ भी वहाँ उपलब्ध था वही ओढ़ा , बिछा दिया ...किसी भी तरह सुबह होने का इंतज़ार किया।

जैसे ही रात बीती बाहर देखा तो देखते रह गए , घर की छत उड़ गई थी , हम लोगों के कपड़े भी उड़ गए थे,स्कूल की बिल्डिंग की छत भी उड़ गयी थी। मैं उड़ के जो चीजें बाहर जगह- जगह बिखर गयीं थी उन्हें समेटने लगी। ऐसा तूफ़ान न पहले देखा न बाद में कभी देखा।

जंगल में चीड़ के बड़े-बड़े पेड़ धराशायी हो गए थे। मैंने टूटे पेड़ों से बहुत सी लकड़ियां समेटी , जंगल में ही चार पांच लकड़ी के ढेर लगा दिए। लकड़ियां समेटते - समेटते मुझे ज़मीन पर गिरे पेड़ के पास एक घोंसला मिला , उसमें तीन बच्चे थे। उन बच्चों को

देखकर में सब कुछ भूल गई और उन्हें घर लेकर आ गई। उन बच्चों की मैंने बहुत देखभाल की , मेरा बालमन उन्हें तोता समझ रहा था।

मैंने अपनी कक्षा के सभी बच्चों को बताया कि मैं तोता पाल रही हूँ। मेरा सहपाठी विनोद बोला,

" एक तोते का बच्चा मुझे दे दे।"

मैंने उसे दे दिया , वो बहुत ख़ुश होकर उसे ले गया। धीरे-धीरे वो बच्चे बड़े होने लगे , उन्हें देखकर मैं भी बहुत ख़ुश होती। बिल्ली, चील , कौवों से उनको बचाना भी बहुत कठिन काम था।एक दिन विनोद बोला,

" तू जानती है वो चील के बच्चे हैं। मेरी माँ बहुत गुस्सा हो रही थी , कह रही थी कि ये चील का बच्चा क्यों पाल रहा है ? उड़ा दे उसको "

वो उड़ने लायक हो गया था इसलिए मैंने उसे उड़ा दिया ...वो उड़कर सामने के पेड़ पर बैठ गया फिर मैंने नहीं देखा।"

उसकी बात सुनकर मैं उदास हो गई। मैं सोच रही थी मुझे भी अपने पाले बच्चों को उड़ा देना होगा , यही सोच-सोच कर दुखी हो रही थी। घर आकर मैंने उन्हें दाना खिलाया , बड़े प्यार से देखा और फिर मन में विचार आया कि मैं उन्हें नहीं उडाऊंगी चाहे कुछ भी हो जाये। कुछ दिनों में वो बच्चे उड़ने वाले हो गए थे।

मैंने माँ पिताजी को तो बताया नहीं कि ये चील के बच्चे हैं। स्कूल में विनोद मुझे कहता,

" तूने उड़ा दिए बच्चे?"

मैं बोली,

" मैं नहीं उड़ाऊंगी।"

"क्यों?"

"क्योंकि मुझे उनसे प्यार है।"

मैंने कहा ,

" अरे तू नहीं जानती ये चील इंसानों को खाते है। ये जब और बड़े हो जायेंगे, चील जैसे दिखेंगे तब उन्हें तेरे पिताजी स्वयं उड़ा देंगे।"

मैं चुपचाप घर चली गयी , उन बच्चों को देखा,आज कल से बड़े दिख रहे थे। मेरा मन ये मानता नहीं था कि उन्हें उड़ाना चाहिए। मेरी मन: स्थिति अजीब

सी थी। पिताजी हंसते हुए कहते,

" तेरे तोते बोलने लग गए?"

"अभी कुछ दिन और लगेंगे।" मैं कहती।

मैंने घर में कभी कहा ही नहीं कि ये चील के बच्चे हैं।

यदि मैं कहती तो मेरी माँ उन्हें एक मिनट भी घर में नहीं रखती। मैं हर दिन इसी उधेड़बुन में लगी रहती।

रविवार का दिन था, मैं उन दोनों बच्चों को उन खाली धान के खेतों में ले गई जिनमें अभी-अभी फसल कटी थी ताकि वो धान के दाने चुग सकें। वो दोनों बहुत ख़ुश थे। सहसा मैंने देखा एक बच्चा सामने के छोटे पेड़ में बैठ गया, दूसरा भी फुदकने लगा और थोड़ी देर में वो भी उसी पेड़ में बैठ गया।मैं कितना बुला रही थी किन्तु वो फिर नीचे नहीं आये।मैं उदास सी वापस घर लौट

गई ! शाम को बाबू बोले,

" आज तोते के बच्चे दिख नहीं रहे हैं।"

मैं क्या कहती आँखों से आँसू टपकने लगे ! मुझे रोता देख पिताजी बोले ,

" रो मत बेटा मैं तेरे लिये नये तोते खरीद लाऊंगा।"

चिड़िया के बच्चे उड़ गए लेकिन मेरा पक्षियों के प्रति प्रेम कम न हुआ। जब भी समय मिलता मैं घोंसलों की खोज में निकल

पड़ती। एक बार एक पेड़ पर एक घोंसला देखा। उस घोंसले में चार बच्चे थे , जब उनकी माँ अपनी नन्ही चोंच में दाना लाती और बच्चे उछल- उछल कर खाते। मैं भाव-विभोर होकर इस अद्भुत वात्सल्य को देखती रहती तब तक, जब तक कि चिड़िया पुन: अपने बच्चों के लिए दाना लाने के लिये उड़ न जाती।

मैं स्कूल के बाद अक्सर घूमती रहती। एक दिन मैं यूं ही घूम रही थी कि मुझे एक बहुत सुन्दर पक्षी दिखा , जैसे ही मैं उसके करीब पहुँची , वो दूर चला गया। घर आने के पश्चात मैंने अपने पिताजी को उस मनमोहक चिड़िया के बारे में बताया।मेरे पिता बोले ,

" वो चकोर है रात में चाँद को देखता है।"

मैंने पूछा " क्यों देखता है?"

"चाँद को देखना उसे अच्छा लगता है।"

पिता जी ने इतना ही बताया , अधिक बताते तब भी उस समय मैं समझ नहीं पाती।

जब मैं कॉलेज में गयी, साहित्य पढ़ने लगी तब मुझे बचपन में दिखे उस चकोर की याद आती , क्षणभर के लिए मैं अतीत में खो जाती।

तुलसी दास जी की चौपाई की यह पंक्ति मुझे इसलिए बहुत प्रिय है।

" बार- बार चितए तेहि ओरा, सिय मुख ससि भये नयन चकोरा"

बचपन के वो अविस्मरणीय दिन जब मैं उन्मुक्त विचरण करती थी , प्रकृति का कण-कण मुझे आकर्षित

करता था। सुबह- सवेरे हिमालय के श्वेत शिखरों की स्वर्णिम आभा निहारती, सुन्दर वनों में घूमती , हर पेड़, हर पात , हर फूल मुझे लुभाता था। वो दिन जीवन के सुनहरे दिन थे।

एक दिन प्रातःकाल मैं अपने स्कूल का गृह कार्य कर रही थी तभी मैंने देखा मेरे पिता हाथ में एक चिड़िया लेकर आ रहे थे। मैंने देखा उस चिड़िया का मुँह नीचे था। मैंने पूछा ,

"बाबू चिड़िया को इस तरह क्यों पकड़े हैं?"

मेरे पिता बोले,

" रास्ते में इसे देखा था , एक पत्थर फेंका, और ये....." इसके आगे पिताजी बोल न सके , मैंने देखा चिड़िया लहूलुहान थी। ये चकोर था जो पिताजी के पत्थर से जान गँवा चुका था ! मैं रोने लगी , मैंने रोते हुए कहा,"बाबू अब आप इसको खाओगे...?"

पिता जी ने कोई उत्तर नहीं दिया , मैं समझ गयी कि जरूर पिताजी ने शिकार के उद्देश्य से पत्थर फेंका

होगा। कल पिताजी का एक मित्र चकोर के मांस के स्वाद और गुणों का बखान कर रहे थे।

मैं उस दिन स्कूल भी नहीं गयी खाना भी नहीं खाया , दिनभर बिस्तर में लेटे रही और किसी से कुछ बोली

नहीं।पिताजी ने खाने के लिए बहुत मनाया मगर मैं कहां मानने वाली थी। मेरी जिद देखकर पिताजी सोच में पड़ गये। मेरे पिता मांस खाते थे पर अपने हाथों से किसी जीव जंतु को मारते न थे।

बाहर में चूल्हा बनाकर अलग बर्तन में पकाते और अलग बर्तनों में खाते फिर स्वयं उनको धोते थे।

पर मेरे पिता का निशाना इतना अच्छा नहीं था शायद चकोर की मौत आई होगी।

मैं बच्ची थी किन्तु मैंने उस दिन खाना नहीं खाया, बातचीत भी किसी से नहीं की। अन्त में पिताजी बोले, ."उस चकोर को कीर्ति वल्लभ (हमारा पड़ोसी) ले गया , मैंने प्रण कर लिया कि आज से मैं कभी मांस भक्षण नहीं करूंगा.."

इतनी बड़ी प्रतिज्ञा के समक्ष मैं झुक गई , मैंने खाना खा लिया।

इसके बाद शेष जीवन वे शुद्ध शाकाहारी बने रहे...।

जीवन के अन्तिम दिनों में जब वे करीब एक वर्ष तक बिस्तर पर रहे , उन दिनों वे हर काम के लिये माँ पर निर्भर थे। मैं उनके पास बैठकर उनसे बातें करती रहती थी। एक बार मैंने चकोर वाली घटना का ज़िक्र किया तो उन्होंने अत्यन्त करुण स्वर में कहा था,

"वो चकोर जो मेरे हाथों मारा गया, उसका फल मुझे मिल रहा है।"

पता नहीं उन्होंने कितना सच कहा पर जब-जब मैं अपने पिता को याद करती हूँ तब-तब अनजाने वो चकोर भी याद आता है।

# विवाह

पिताजी की चिट्ठी पढ़ रही थी। चिट्ठी हमेशा लिफाफे में आती थी। पिताजी चिट्ठी के साथ एक पता लिखा लिफाफा भी भेजते थे ताकि मैं जल्दी उत्तर दे सकूँ , फिर भी मैं उत्तर देने में दो चार दिन लगा ही देती थी। माँ बाप का अपनी संतान के लिये जो निस्वार्थ प्रेम होता है वो और रिश्तों में कहीं ढूंढे नहीं मिल सकता है। मैंने जल्दी से पत्र खोला , पढ़ने लगी , अचानक एक ख़बर ने मुझे विचलित कर दिया। ख़बर थी कि नीरजा नहीं रही , लेकिन मन ये मानने को तैयार नहीं हो रहा था। मेरे ही बराबर तो थी वो हाय ये क्या हुआ? मैं ख़ामोशी का आवरण ओढ़कर बिस्तर में लेट गयी। पति ऑफिस में थे और बेटा स्कूल में , कुछ कहती भी तो किससे बस अतीत की डायरी के पन्ने इस आंधी से फड़फड़ाने लगे , मैं हर पन्ने को पढ़ने की कोशिश करने लगी।

नीरजा मेरी सबसे प्रिय दोस्त थी। वो और मैं नौवीं से लेकर बारहवीं तक एक साथ पढ़े थे। हम लोग कॉलेज के कैम्पस में रहते थे और नीरजा पास के गाँव में रहती थी। कॉलेज में तो हम साथ रहते ही थे , ख़ुशी इस बात की थी हम दोनों घर में भी अधिकतर साथ ही रहते , रोज शाम को छह, सात बजे से पहले मैं घर नहीं आती थी !हम लोग साथ पढ़ते , साथ खेलते तथा साथ घूमने जाते थे ! दोनों एक दूसरे के बिना नहीं रहते। नीरजा घर के कामों में बहुत दक्ष थी। वो शाम का खाना स्वयं बनाती

थी ! कभी-कभी मैं शाम का खाना उनके घर से ही खा कर आती।

पढ़ने में वो औसत थी किन्तु समझदारी और अक्ल में परिपक्व ...मैं जब भी दुविधा में होती उससे ही सुझाव माँगती थी। उनका परिवार इलाके में एक नामी परिवार था। आस-पास के गाँवों में उनका काफी सम्मान था।

एक दिन नीरजा मुझसे बोली,

" एक बात बताऊँ तुझे?"

"जल्दी बता।" मैंने कहा

"अगले सोमवार को मेरी सगाई होने वाली है।"

"अचानक, कौन है वो लड़का?" मैंने पूछा

" लड़का आर्मी में है किन्तु लड़के ने मुझे देखा नहीं है।"

" फिर बिना लड़के के देखे शादी कैसे तय हो रही है।"

मैंने तनिक आश्चर्य से पूछा।

" लड़के के पिता मेरे पिता के मित्र हैं। कल हमारे घर आए थे , उन्हें मैं बहुत अच्छी लगी इसलिए ये सब हो रहा है।"

" ओह ये बात है।" मैंने हँसते हुए उत्तर दिया।

सगाई के दिन मैं गई , मेरी प्रिय सखी थी जाना ही

था। लड़के की फोटो देखी बहुत स्मार्ट था। सगाई बहुत धूमधाम से हुई। नीरजा के घर वाले और नीरजा दोनों बहुत ख़ुश थे। वैसे भी नीरजा ने बारहवीं के पश्चात पढ़ना भी नहीं था सो ये अच्छा ही हुआ।

सगाई के बाद नीरजा घर के काम सीखने लगी। सिलाई, बुनाई, कढ़ाई तथा खाना बनाने में वो बड़ी निपुण हो गयी। एक अच्छी गृहिणी ,आदर्श पत्नी, आदर्श माँ, आदर्श बहू, आदर्श पुत्री और एक आदर्श नागरिक यही वो बनना चाहती थी। सारे गाँव में हर माँ बाप अपनी बेटियों को नीरजा का उदाहरण देते थे।

नीरजा की सगाई को छह महीने हो गए थे। घर में विवाह की तैयारी हो रही थी !गहने भी बन गए थे। दहेज की कोई मांग नहीं थी फिर भी जितना वो सरलता से दे सकते थे , वो खरीद लिया गया था।

एक दिन लड़के वालों की तरफ़ से संदेश आया कि अगले हफ्ते हमारा पुत्र छुट्टी आ रहा है। आप लोग नियत जगह , नियत समय पर नीरजा को वहां भेज दीजिए ! बस स्टेशन के पास जाना था ... वहाँ नीरजा का मंगेतर करीब बारह बजे की बस से पहुँचने वाला था। नीरजा ने मुझसे कहा,

"तू भी मेरे साथ चल वैसे मेरी छोटी बहन भी मेरे साथ आएगी।"

मैं ना कैसे बोलती ऐसे समय तो मुझे उसके साथ होना ही चाहिए था।

हम लोग एक घंटा पहले वहाँ पहुँच गए थे।

मन में बड़ी उत्सुकता थी , जब भी गाड़ी की आवाज़ आती हम चौकन्ने हो जाते कि वो बस आ गई जिसमें महेन्द्र (मंगेतर का नाम) आने वाला था। काफी इन्तज़ार के पश्चात सचमुच बस आ गई।

जैसे ही बस रुकी हम बस के करीब पहुंचे, महेंद्र के साथ उसकी भाभी और भाई भी आने वाले थे। हमारे पास लड़के की

फोटो थी , हमने फोटो इतनी बार देख ली थी कि चेहरा पहचान सकते थे। नीरजा की बहन अंजू बोली,

" देखो वो हैं जीजा जी।"

नीरजा सकुचा गयी मैंने उसका हाथ पकड़ा था। हम लोग धीरे-धीरे उनके समीप पहुँचे, मैंने देखा महेन्द्र कुछ गहरे सोच में था। जिस उत्सुकता, जिस उमंग, जिस संकोच और घबराहट से मेरी दोस्त के कदम सीधे नहीं पड़ रहे थे ऐसा कुछ महेन्द्र में नहीं दिख रहा था। महेन्द्र कुछ तटस्थ , निर्लिप्त सा और एक उदासीन गम्भीरता को ओढ़े हुए था। महेन्द्र को देख कर मैं मन ही मन डर रही थी , सोच रही थी कहीं न कहीं कुछ अवश्य गड़बड़ है। वो मनोभाव मुझे दिख नहीं रहे थे जो किसी लड़के को अपनी होने वाली जीवन संगिनी को देखकर उमड़ जाते हैं। बस रुकी थी , हम खिड़की के पास खड़े हो गए , बस वहाँ पर आधा घन्टा रुकती थी। उन लोगों का गाँव भी पास ही था , यदि वे उतर भी जाते तो कुछ नहीं बिगड़ता , क्योंकि वो यहाँ ठहर भी सकते थे और अपने गाँव जा भी सकते थे।

बस के समीप पहुंचते ही नीरजा की छोटी बहन संगीता ने हाथ जोड़कर " जीजा जी नमस्ते।"

कहा , किन्तु महेन्द्र ने बिना उधर देखे धीमे स्वर में उत्तर दे कर सर झुका लिया। मुझे कुछ गड़बड़ी नज़र आ रही थी, नीरजा के विषय में सोचकर कुछ चिंतित थी।

महेन्द्र की भाभी मुझसे बातें करने लगी , थोड़ा बहुत नीरजा से भी की किन्तु महेन्द्र ने एक शब्द नहीं बोला। स्थिति को भाँपकर मैंने नीरजा से चलने का इशारा किया एवं उनसे विदा ली।

हम लोग लौट गए। रास्ते में मैंने सिर्फ़ इतना कहा,

" ये लोग काफ़ी थके लग रहे थे इसलिए अधिक बातें नहीं की।"संगीता ने मेरी हाँ में हाँ मिलायी।

घर पहुँच कर भी मुझे अच्छा नहीं लगा , नीरजा के बारे सोच रही थी। उस रात नींद भी नहीं आई , पूरी रात ईश्वर से प्रार्थना करने लगी कि हे ईश्वर सब कुछ ठीक हो , नीरजा बहुत अच्छी लड़की है। उसके साथ सब ठीक होना चाहिए।

अन्त में जो डर था वही हुआ , उन लोगों ने विवाह के लिए मना कर दिया...ये कह कर कि लड़के ने लड़की नहीं देखी थी। महेंद्र के पिता ने क्षमा माँगी किन्तु क्षमा माँगने से नीरजा पर बिना कारण जो कलंक लगा वो कैसे मिटेगा। अब जो भी लोग विवाह के प्रस्ताव लाएंगे उनके मन में बहुत से प्रश्न होंगे।

नीरजा को इस घटना से बहुत धक्का लगा,वो एक सप्ताह तक चुपचाप अपने कमरे में लेटी रही। गाँव के सारे लोग नीरजा से सहानुभूति रखते थे क्योंकि सभी नीरजा से प्यार करते थे। मैंने उसे बहुत समझाया , हिम्मत बँधाई और बड़ी मुश्किल से इस अपमान के दुख से बाहर निकाला। अब धीरे-धीरे उसकी मानसिक स्थिति सामान्य हो गई।हम दोनों फिर से हंसने खिलखिलाने लगे।

इस घटना को घटे एक वर्ष होगया था। अब एक बार फिर उसके विवाह की बात चली इस बार तो लड़का देखने आया था।

जिस दिन लड़का देखने आया था उस दिन मैं भी वहीं थी,अच्छा शालीन लड़का था, नौकरी भी अच्छी थी और परिवार भी अच्छा था। लड़के ने उसी दिन अपनी पसंद बता दी थी।

नीरजा के घरवाले बहुत ख़ुश थे। नीरजा ने तो होना ही था। वो अब उस घटना को भूल गयी थी। उसकी आँखों के सरोवर में सपनों के कमल मुस्कुराने लगे थे। ख़ुशी के इस माहौल में एक दिन लड़के वालों की तरफ़ से विवाह की तारीख़ भी निश्चित हो गयी। नीरजा और मैं दिन भर खरीदारी करते

रहते।दहेज का सामान भी आ गया। शादी के कार्ड भी बँट गए। नीरजा लोगों के दूर- दराज के रिश्तेदार भी आ गए थे।

किन्तु दुर्भाग्य ने यहाँ भी साथ नहीं छोड़ा ... विवाह के दो दिन पहले लड़के वालों ने विवाह करने से मना कर दिया।

उस दिन मैंने देखा कि समाज में लड़की की स्थिति क्या है। कभी वो पसंद आ रही है कभी नहीं , यदि यहीं तक रहता तब भी सहने लायक था। यहां तो विवाह का मुहूर्त निकाल कर मना कर दिया गया।उस दिन मुझे विवाह शब्द से नफ़रत सी हो गई थी। स्त्री जैसे कोई सामान हो जिसे तुम कभी पसंद कभी नापसंद करो ...जब चाहे स्वीकार करो जब चाहे अस्वीकार।

नीरजा का परिवार इस अपमान से आहत था। घर में एक सन्नाटा, एक ख़ामोशी छाई थी। उस दिन जिस बात ने मुझे सबसे गहरी चोट पहुँचाई वो थी, आँगन की मुंडेर पर मेरे पिता से बात करते समय नीरजा के ताऊ जी का फूट-फूट कर रोना।अपमान के इस गहरे ज़ख्म से उनकी आत्मा लहूलुहान थे। इस घटना से सारा गाँव आहत था। घर में रिश्तेदार आ गए थे, अत: सबने ये निर्णय लिया कि इस मुहूर्त को नीरजा के भाई का विवाह कर दिया जाय।

लड़की वाले मान गये , जो साड़ी नीरजा ने बडे प्यार से अपने लिये खरीदी थी उसे पहनकर उसकी भाभी ने अपने ससुराल में

पहला कदम रखा था। शायद संसार में आदमी अपना प्रारब्ध लेकर आता है। साड़ी किसकी थी पहनी किसने।

अब नीरजा बहुत बुरी तरह टूट गई थी। हर वक्त चुपचाप रहती थी।मेरा अधिकतर समय उसके पास ही गुज़रता था। इतनी सुंदर सुशील लड़की के साथ ऐसा नहीं होना था , मैं हर समय यही सोचती थी। इतना तो मैंने सोच लिया था कि मैं कभी अपने को दिखाने नहीं जाऊंगी।

फिर एक दिन सुबह- सवेरे उसकी बहन हमारे घर आयी बोली,

" आज दस बजे आप आ जाना दीदी ने बुलाया

है।"

मैंने कहा , कुछ काम है क्या ?

" हाँ आज दीदी को देखने वाले आ रहे हैं।"

"कहाँ से ?"

वो बोली,

"मैं नहीं जानती दीदी।"

" मैं ठीक समय पर पहुँच जाऊंगी , तू अब जा, घर में काम होगा।"

मैंने कहा।

मैं जब नीरजा के घर पहुंची तो देखा घर में खूब हलचल हो रही थी ! लड़का पहुंच गया था ! नीरजा बोली ,

"तू बैठ तब तक मैं फिर आऊंगी।"

मैं,जहां लड़का बैठा था उस कमरे में गई ! एक स्मार्ट सा लड़का बैठा था। मैंने नमस्ते किया और अपना परिचय दिया। परिचय होने के पश्चात मैंने खूब बातें

की , वो भी मेरी तरह बहिर्मुखी प्रकृति का था। मैंने अप्रत्यक्ष रूप से नीरजा की सारी कहानी उसे सुना दी।

जो कुछ भी मैंने कहा उसमें नीरजा की बहुत प्रशंसा थी, वो हक़ीक़त में भी लाखों में एक थी। वो एक हीरा थी जिसे जौहरी ही समझ सकता था। काश! वो जौहरी ये लड़का हो। अचानक इक़बाल का शेर याद आया,

"हज़ारों साल नर्गिस अपनी बे नूरी पे रोती है

बड़ी मुश्किल से होता है चमन में दीदा -वर पैदा "

थोड़ी देर में नीरजा आ गई। इस बार वो आत्मविश्वास से भरी थी! स्वाभिमान के तेज से उसका मुख- मंडल दैदीप्यमान हो रहा था। सुंदर तो वो थी किन्तु आज उसके व्यक्तित्व में एक अनोखा आकर्षण झलक रहा था। जैसे ही उसने कमरे में कदम रखा उसके आभा मंडल से मेहमान पल भर को पलक झपकाना भूल गया।

मेरा मन ख़ुशी से झूम उठा।

मैं समझ गयी सीता को राम मिल गया।

यही हुआ बहुत धूमधाम से दोनों का विवाह हो गया।

मेरा पत्र व्यवहार उसके साथ बराबर होता , वो अपने जीवन से बहुत ख़ुश थी।

आज इस ख़बर ने मुझे झकझोर के रख दिया ! उसके सुख पर न जाने किसकी नज़र लगी।

# परीक्षा

जून का महीना था , स्वेटर पहनी थी हल्की सी , मौसम बहुत सुहावना था। बाजार में भी अधिक भीड़ नहीं थी उन दिनों मैं अपने गाँव गई थी। बीकानेर की गर्मी से बचने के लिये। पहाड़ों की ख़ूबसूरती, पहाड़ों की हवाएं ,पहाड़ों का पानी, पहाड़ों के फल, पहाड़ों के जंगल और पहाड़ों का जीवन सब बहुत अच्छा है। हसीं वादियों का आनन्द लेते हुये मैं टहल रही थी ...मन अति प्रफुल्लित था।

तभी मेरी नज़र एक सुन्दर महिला पर पड़ी , जैसे ही वो करीब आई , मुझे चेहरा जाना पहचाना सा लगा , स्मृतियों के जंगल में यादें भटकने लगी। सहसा मस्तिष्क में एक बिजली सी चमकी , उस क्षणिक प्रकाश में मैंने वो चेहरा पहचान लिया ...वो श्यामा थी मेरे बचपन की दोस्त , मेरी प्यारी सखी।

जैसे ही वो पास आयी , मैंने कहा " श्यामा...."

श्यामा ने मेरी ओर देखा ,एक पल में उसके चेहरे पर एक मीठी सी मुस्कान उभरी ऐसा लगा जैसे वो भी पहचान गई ...उसने भी मेरा नाम लिया , हम दोनों गले मिले। मैंने चुप्पी तोड़ते हुए कहा,

"कैसी है श्यामा ?"

"बहुत अच्छी अब तू अपनी सुना।"

मैं बोली,

"मैं भी ठीक ही हूँ। गर्मी से बचने के लिये आई हूँ। " पल भर की चुप्पी के बाद मैंने पूछा,

"रमेश आजकल कहाँ है श्यामा?"

रमेश , मैं , और श्यामा तीनों स्कूल से कॉलेज तक साथ ही पढ़े थे। रमेश और श्यामा एक दूसरे को बहुत चाहते थे। सारा काँलेज उनके विषय में जानता था। सब यही सोचते थे कि इनका प्रेम विवाह में परिणत होगा।

मेरा प्रश्न सुनकर वो कुछ देर तक चुप रही , जब मैंने बार- बार पूछा , मैं देखती हूँ उसकी आँखों से कुछ बूदें टपकी जिन्हें मैंने अपने दुपट्टे से पोंछ लिया। फिर मैं बोली ,

" श्यामा तू मेरी बचपन की दोस्त है , यदि तू मुझे नहीं बता पाएगी तो किसे बताएगी? बोल श्यामा तेरी हर बात मैं सुनूंगी। "

हम लोग बैठने की जगह देखने लगे , हमें धूप वाली जगह मिल गई हम दोनों बैठ गए।

अब श्यामा ने शुरू की अपनी कहानी।

तेरे विवाह के पश्चात मुझे एक स्कूल में पढ़ाने का अवसर मिल गया , मैं अभी भी पढ़ा रही हूँ , साथ में प्रतियोगिता की भी तैयारी कर रही हूँ। रमेश IAS की तैयारी करने लगा। वो बहुत परिश्रम करता , हफ्ते-हफ्ते घर के बाहर नहीं निकलता था। एक बात जो मुझे जीने नहीं देती वो ये कि वो हमेशा मुझे एक पत्र लिखता था। पत्र वो अपनी बहन के हाथ भिजवाता। मैं हर दिन उस पत्र का इंतज़ार करती ... पत्र आता तो लगता जैसे सारे संसार का सुख मिल गया हो। वो मुझसे कहता मैं बहुत

कुछ करना चाहता हूँ देश के लिए , तुम्हारे लिए और सबके लिए ..इसके लिये मुझे ये परीक्षा पास करनी आवश्यक है।

वो दिन मेरे सपने देखने के दिन थे। जितने रंग दुनिया में हैं उन सारे रंगों को समेट कर मैं अपने लिये एक सुनहरी दुनिया की तस्वीर बना रही थी। कभी महीने पन्द्रह दिन में हम मिलते , इसी सड़क के किनारे-किनारे बहुत दूर तक चले जाते। कभी रमेश कहता

"श्यामा तुम्हारे साथ एक-एक कदम चलते हुए लगता है कि जैसे मैं धरती पर नहीं आसमान पर चल रहा हूँ।"

रमेश प्रतियोगिता के लिए अथक परिश्रम कर रहा था। उसके आस- पास रहने वाले लोग अपने बच्चों को उसकी मिसाल देते थे , कहते,

" रमेश को देखो एक दिन में अठारह घंटे पढ़ता है। " सचमुच वो घंटों एक ही आसन पर बैठ कर अध्ययन करता था। विद्यार्थियों के लिये वो प्रेरणा स्रोत था। कितने ही बच्चे जिनके लिये पढ़ना एक सिर- दर्द की तरह था। वो भी रमेश को देखकर पढ़ने लग गये थे।

वो मुझे पत्र लिखता किन्तु मैं पत्र का उत्तर भी नहीं देती,

कभी सिर्फ़ छोटी सी लाइन लिखती ,

" रमेश तुम मेरे विषय में मत सोचो , अपनी पढ़ाई पर अधिक ध्यान दो तुम्हारी सफलता, तुम्हारी ख़ुशी , मेरे लिए सर्वोपरि है।"

जब मैं ऐसा लिखती तो वो चार पेज का पत्र लिखता।

कभी - कभी वो पत्र में ऐसी लाइनें लिखता जिनको पढ़कर मैं सोचती , इस सारे संसार में मुझसा भाग्यवान दूसरा नहीं है।

वो लिखता ,

" मेरा स्वप्न भी तुम हो , मेरा जीवन भी तुम हो। मैं कैसे बताऊं कि तुम मेरे लिये क्या हो ? जब भी किताब खोलता हूँ , हर शब्द में तुम्हारी ही तस्वीर दिखती है। सुबह की लालिमा में तुम, दिन के उजाले में तुम, शाम की उदासी में तुम ...मैं एक पल अकेले नहीं होता , तुम साथ होती हो। मैं परीक्षा पास कर लूंगा फिर एक क्षण के लिये भी तुम्हें आँखों से ओझल नहीं होने दूंगा।"

रमेश सचमुच मुझसे प्रेम करता था , इतना प्रेम कि जितना कोई किसी से कर सकता है। प्रेम का दूसरा नाम परवाह होता है। वो मेरी परवाह करता था। प्रेम का मतलब सम्मान होता है , वो मेरा सम्मान करता था।

उसके लिये मैं भगवान थी , वो मेरी पूजा करता था। मैं उसके लिये सबकुछ थी उसका कारण ये भी था कि उसके मां बाप बचपन में ही उसे छोड़कर चले गए

थे। वो अपने चाचा- चाची के साथ रहता था। मेरा और उसका घर पास-पास था। हम दोनों का बचपन भी साथ- साथ गुज़रा था। हम साथ स्कूल गए, साथ कॉलेज गए, शायद यही कारण था कि हमारा रिश्ता इतना सुदृढ़ हो गया था।

अब परीक्षा का दिन आया , रमेश ने लिखित परीक्षा दी उत्तीर्ण हो गया , सब को ख़ुशी हुई।इंटरव्यू की तैयारी होने लगी ...इंटरव्यू भी बहुत अच्छा हुआ किन्तु जब रिजल्ट आया तो

उसने देखा कि वो निकल नहीं पाया, वो असफल हो गया था। अपनी हार को वो स्वीकार नहीं कर पा रहा था।

मैंने बहुत मुश्किल से उसे समझाया। मेरे समझाने से वो समझ गया फिर मेहनत करने लगा। मैं उसकी सफलता के लिये ईश्वर से प्रार्थना करती , उसे सकारात्मकता की ओर ले जाती , मुझे विश्वास था कि उसमें पहले जैसा आत्मविश्वास लौट रहा है।

किंतु दूसरी बार भी वो इंटरव्यू में रह गया। इस असफलता ने उसे तोड़ कर रख दिया। मैं उसे समझाती किन्तु उस पर असर न होता , मेरी कोशिश जारी

रहती।

हर शाम उसे सैर के लिये ले जाती किन्तु वो चुपचाप ही रहता सिर्फ़ मेरी बात का उत्तर देता था।

एक दिन उसने मुझसे कहा ,

" श्यामा एक बात कहूँ ?"

मैंन कहा कहो।

वो बोला,

"अब तुम तैयारी करो IAS की।"

मैंने उत्तर दिया,

"क्या IAS बनना जरूरी है।"

" हाँ मैं न बन सका तो तुम्हें बनना चाहिए ..एक को तो बनना ही चाहिए , तुम प्रयत्न करोगी न?"

मैं बोली,

" देखो रमेश जब तुम नहीं निकले, जो तुम हमेशा हर क्लास में प्रथम आते रहे हो , हर विषय में तुम्हारी पैठ अच्छी है। मेरा निकलना असम्भव है।"

मेरे उत्तर को सुनकर वो बोला,

" मैं बचपन से ही हारता रहा हूँ ! मैं अनाथ लड़का तुम्हारे सिवा मेरा कौन है। तुम इंकार न करो श्यामा , मेरा ये भ्रम बने रहने दो कि इस संसार में मेरा भी कोई है। मैं तुम्हें नहीं हारना चाहता।"

रमेश की इन बातों का मेरे पर बहुत प्रभाव पड़ा , मैंने उससे कह दिया,

" ठीक है रमेश मैं अवश्य इस परीक्षा को दूंगी , निकलना नहीं निकलना भाग्य और भगवान के हाथों में है। "

मेरी इस बात के उत्तर में वो बोला,

" तुम्हें सफलता हासिल होगी श्यामा, भाग्य तो पैदा होते ही दिख जाता है। तुम्हारा जन्म एक सुखी समृद्ध परिवार में हुआ है। सारे सुख तुम्हारे पास हैं। मेरे पास सिर्फ़ तुम हो।"

रमेश के माता-पिता जब वो एक वर्ष का था तभी इस दुनिया को अलविदा कह चुके थे। चाचा-चाची हैं किन्तु उनका व्यवहार रमेश के साथ ठीक नहीं था। जबसे इस परीक्षा में वो अनुत्तीर्ण हुआ तब से वो रमेश को व्यंग्य बाणों से आहत करते रहते थे। रमेश ने कई बार इसका मुझसे ज़िक्र किया था।

मैं कुछ दिनों के लिये अपनी मौसी के घर गई थी। जाते समय मैं रमेश से मिल के गई थी। मेरे जाने की ख़बर सुनकर रमेश उदास हो गया था। उसने मुंह से कुछ न कहा मगर वो चाहता

नहीं था कि मैं एक दिन के लिये भी कहीं जाऊँ। मैं नहीं जाती पर मौसी की बेटी का विवाह था मुझे किसी भी कीमत पर जाना था।

रमेश अवसाद में था , इस स्थिति में मुझे उसे छोड़कर नहीं जाना था , मैं चली गई मेरी मज़बूरी थी !

एक हफ्ते में मैं लौट के आ गई थी।

मैं लौट के आई तो सही लेकिन मेरा सब कुछ समाप्त हो चुका था। रमेश जीवन में मिली एक के बाद एक पराजय से घबरा गया था। मन की बात किससे करता उसका कोई मित्र नहीं था, मेरे सिवा और मुझे भी विवशता में कहीं जाना पड़ गया।शायद उसने सोचा होगा कि मैं भी एक दिन उसको छोड़ दूंगी ऐसा ही कुछ सोचते हुए उसने आत्महत्या कर ली।

ऐसा जानती तो मैं उसे छोड़कर कभी नहीं जाती। बार-बार यह विचार आता है यदि मैं नहीं जाती तो हो सकता था वो ये कदम नहीं उठाता। मैं ये भी सोचती हूँ कि आदमी को अधिक महत्वाकांक्षी नहीं होना चाहिए। महत्वाकांक्षा का अधूरा रहना अधिक संवेदनशील लोगों को अवसाद ग्रस्त कर देता है।गीता का संदेश , कर्म करो फल की चाह मत रखो। कितना सत्य है ये कथन, रमेश बहुत बार इसका ज़िक्र करता था। ज्ञान अर्जित करना तथा ज्ञान को जीवन में उतारना कितना अंतर है दोनों में! इतना कहकर श्यामा कुछ देर मौन हो गयी।

अन्त में उसने इतना ही कहा ..अब मेरे जीवन का एकमात्र उद्देश्य रमेश के स्वप्न को पूरा करना है। इतना कहकर चुप हो गई श्यामा।मैंने उसका हाथ थाम लिया और कहा,

" रमेश बहुत बदनसीब था, श्यामा, जो तुम्हारे लिये जीवित न रह सका। तुम्हारे प्रेम के सम्मुख संसार के सारे पद सारे वैभव धूल समान थे। रमेश ये न जान सका ...।"

फिर हम दोनों थोड़ी देर यों ही टहल कर अपनी -अपनी दिशाओं की ओर चल दिए।

# कितने अनुभव

पिताजी के ट्रांसफर होने के कारण एक बार फिर हमें गांव जाना पड़ा। मुझे बिना पिताजी के अच्छा नहीं लगता था। स्कूल जाने का मन न होता , न पढ़ने का मन होता मैं हर समय रोती रहती। एक दिन स्कूल से रोते- रोते आ रही थी कि पिताजी उसी समय बस से उतरे ... रोना सुन के रुक गए ..वो नहीं जानते थे कि उनकी बेटी रो रही है। जब उन्होंने मुझे देखा कि मैं ही रो रही थी, स्कूल से लौटते वक्त तब वो स्तब्ध से रह गए जबकि उन्हें नई जगह गए अभी तीन चार महीने ही हुए थे।

अचानक अपने पिता को देख , मैं उनसे लिपट कर और तेज-तेज रोने लगी। तब मुझको चुप करते हुये वो बोले,

" बेटा में तुम लोगों को लेने ही आया हूँ।मेरी ख़ुशी का ठिकाना न था।"

अगस्त का महीना था हमारे खेतों में धान लहलहा रहे

थे। मेरा छोटा भाई चार महीने का था ..ईजा (माँ) का मन नहीं था कि अभी गांव छोड़ के जाए , किन्तु बाबू (पिताजी) नहीं माने। परिवार वाले भी चाहते थे हम लोग न जायें पर मेरे बाबू मानने वाले कहां थे।

इससे पहले हम लोग जिस जगह में रहते थे वो जगह हमारे गांव से एक डेढ़ घंटे का रास्ता था। वज्यूला बहुत सुन्दर स्थान था अभी भी होगा... ख़ूबसूरत कत्यूर घाटी, जहाँ इन्टर कॉलेज

था वो और भी सुन्दर जगह थी। आस-पास के गाँव भी समृद्ध थे , ज़मीन बहुत उपजाऊ थी। कुल मिलाकर वहां मुझे बहुत अच्छा

लगता था। हर रविवार को बाबू के साथ बैजनाथ के मन्दिर जाती थी। वहां का शिव मंदिर मेरे आकर्षण का केन्द्र था। गोमती के किनारे स्थित इस प्राचीन शिव मन्दिर का इतिहास मेरे पिता मुझे बताते थे।

मैं न जाने कितने सवाल बाबू से पूछती मेरे हर सवाल का उत्तर बिना झुँझलाये वो देते।

वज्यूला में मेरे बचपन के सबसे सुनहरे पल व्यतीत हुए हैं। यहीं पहली बार पाठी लेकर प्राइमरी स्कूल गयी थी। मेरे पिता का कॉलेज भी पास में ही था। पहली बार जब में स्कूल गई तो बीच में ही भाग के आ गई थी... धीरे-धीरे स्कूल जाना सीखा। हर सुबह मेरे बाबू मेरे लिये रिंगाल की कलम बनाते , तख्ती काली करते , एक खाली डिब्बे में कमेट भर.. पकड़ने के लिये डोरी लगाकर , पाठी मेरे कंधे पर लटकाते और मुझे स्कूल तक पहुँचाते थे।

अब पिताजी का ट्रांसफर दफौट हो गया था ! हम वहां जाने की तैयारी करने लगे। घर संभालने की जिम्मेदारी चाचा जी को देकर हम लोगों ने दफौट के लिये प्रस्थान किया।

इससे पहले मैंने सिर्फ़ गरुड़ तक ही देखा था ! जब बस गरुड़ के पास से दूसरी दिशा को मुड़ी तो मन में एक कौतूहल सा था। आँखें नई जगह देखने के लिए बड़ी बेसब्र थी। बस, अपनी राह चल रही थी और मैं खिड़की से बाहर के हर दृश्य को निहारते जा रही थी।

गाड़ी बागेश्वर पहुँच गई थी , नयी जगह पहुँचकर बहुत अच्छा लगा। एक होटल रात रुकने के लिए चुना,

होटल का नाम याद नहीं पर अच्छा था। छोटे भाई- बहनों और ईजा को वहीं छोड़कर मैं बाबू के साथ बाजार घूमने निकली। आज का बागेश्वर न जाने कैसा होगा पर तब का बागेश्वर बहुत सुन्दर था।

सरयू, गोमती के संगम को हम लोग बहुत देर तक देखते रहे ..बचपन का वो दृश्य मुझे आज भी हूबहू याद है। मैं और पिताजी फिर बाजार की तरफ़ घूमने निकले , मुझे वहां घूमना बहुत अच्छा लग रहा था। देश के सारे महानगरों में घूमकर मुझे वो ख़ुशी न मिली जो वहाँ मिली।

अगले दिन सुबह हम चले अपनी मंजिल की ओर ,जिस जगह हमने जाना था वो बागेश्वर से चार, पांच घन्टे का रास्ता था। तब वहाँ बस नहीं जाती थी पैदल

रास्ता था। मेरा छोटा भाई चार महीने का था। दो बहनें भी छोटी थी पैदल चलने लायक नहीं थी इसलिए पिताजी ने दो नेपाली कुली किये। हम सरयू के किनारे-किनारे चल रहे थे हरे भरे धान के खेतों को देखते- देखते , पर मन इस बात से घबरा रहा था कि पता नहीं कितनी दूर है दफौट का स्कूल और हम कितनी देर में पहुंचेंगे वहां। जैसे ही सीधा रास्ता समाप्त हुआ वैसे ही चढ़ाई शुरु हो गई। मेरी गोद में मेरा छोटा भाई भी था। मैं थक रही थी मगर चलना तो था। अंततः हम पहुँच गये दफौट के स्कूल में ..।

स्कूल चीड़ के पेड़ों से घिरा था ! बहुत सुन्दर जगह थी पर एकान्त था गाँव थोड़ी दूरी पर थे! स्कूल के पास एक दुकान थी छोटा-मोटा घरेलू सामान मिल जाता

था ! पर हां बच्चों के लिए बहुत कुछ था खाने के

लिए , उस छोटी सी दुकान के आलू के गुटके, गडेरी के गुटके और जलेबी आज भी याद हैं।

मैं छटवीं में पढ़ती थी। कक्षा में और भी लड़कियां थी। वो सब मुझे देखती रहती थी, मेरे कटे बाल, मेरी फूलों वाली सुन्दर फ्रॉक जो पिताजी अल्मोड़ा से लाए थे , ये सब उनके लिए नया था।दफौट की तुलना में उन दिनों

गरुड़ ,कौसानी, डंगोली, वज्यूला एवं ग्वालदम आधुनिक समझे जाते थे।

वहाँ हम एक साल रहे, इस एक साल में,मैं , आस-पास के सारे गांवों में घूमी। सभी लोग अपनत्व और स्नेह से भरे थे ऐसा नहीं लगा कि दूसरी जगह आ गये हों। भीड़ी, स्यालडोबा, नौ गाँव ,कांडा , चमरथल, घिंघारूतोला बहुत सारे गाँव थे। बहुत गाँवों के नाम मैं भूल गई हूँ पर उनकी स्मृतियाँ आज भी मुझे एक अनजानी ख़ुशी दे जाती हैं।

गावों के अलावा कुछ चेहरे और कुछ घर मेरे एकाकी पलों को मधुर कोलाहल से भर देते हैं। वो दिन, वो पल और बचपन के उस यादगार समय को मैंने हृदय के किसी कोने में संजो कर रखा है।

एक साल बाद दफौट से भी पिताजी का स्थानांतरण रानीखेत के समीप कुनेलाखेत हो गया। लोगों से सुना कि अच्छी जगह

है। मैं और मेरा भाई जो मुझसे दो साल छोटा है , हम दोनों भाई बहन ही पिताजी के साथ रहे..बाकी लोग गाँव चले गए , मेरे मामा जी लेने आए थे।

हम तीनों ने कुनेलाखेत के लिये प्रस्थान किया। मुझे कुछ अच्छा लग रहा था कि नई जगह देखने को मिलेगी। कुछ बुरा लग रहा था अपने साथियों से बिछड़ने का। लेकिन जाना तो था।

हम लोग अल्मोड़ा पहुँच गए थे। पहली बार शहर देख रही थी! हम लोग बस स्टेशन के पास अल्मोड़ा होटल में रुके थे। पिताजी को एक महीने अपने ऑफिस में काम था इसलिए हम दोनों भाई- बहन दिन भर कभी कमरे में बैठते, कभी बाहर घूमते,नवम्बर का महीना था। सर्दी आरम्भ हो गयी थी। सुबह हम जब होटल से बाहर निकलते तो मैं सड़क पर विद्यार्थियों और अध्यापकों को स्कूल जाते देखती रहती थी। मेरा मन भी स्कूल जाने को होता किन्तु कुछ दिन और रुकना था।

बस स्टेशन पर घूमते -घूमते मेरी मित्रता एक स्वेटर बेचने वाली से हो गई , मैं उससे खूब बातें करती , वो मुझसे बहुत बड़ी थी मगर मेरी दोस्त बन गई।मेरा अधिकांश समय उसके साथ गुज़रता था।मेरा भाई पास के बैंक के सामने के नारंगी के पेड़ से नारंगी तोड़ के लाता , एकबार बैंक का चपरासी पिताजी से शिकायत करने भी आया था।

इस बार दीपावली भी होटल में ही मनाई। दिवाली के ही दिनों की बात थी। शोर सुनकर मेरी नींद खुल गयी मैंने सुना " बाजार में आग लग गयी।" मैंने बाबू को उठाया। बाबू बोले " सो जाओ कुछ नहीं है।" किन्तु मुझे नींद नहीं आई , मैं सोचने

लगी कब सुबह हो पिता जी ऑफिस जायें और मैं देखूँ कहाँ आग लगी।

सुबह हुई मैं पिताजी के जाने का इंतज़ार करने लगी , उस दिन हमने रानीखेत भी जाना था।मैंने सोचा जाने से पहले मुझे ऊपर बाजार की तरफ़ घूम आना चाहिए। जैसे ही बाबू गए , में सीढियां चढ़ने लगी बाजार के

लिये , नौ, दस साल की उम्र होगी मेरी। मैं जहाँ मन होता उधर को निकल जाती, सारा अल्मोड़ा घूमा पर आग कहीं नहीं लगी थी। अचानक याद आया, आज तो जाना है। मैं बस स्टेशन की ओर लौटने लगी मगर मुझे रास्ता नहीं मिला , इतनी अक्ल नहीं थी कि किसी से पूछ लूँ। मैं भटक गई थी। सोच रही थी अवश्य मेरे पिता मुझे खोज रहे होंगे पर मैं क्या करती रास्ता ही नहीं मिल रहा था। मैं यूँ ही परेशान सी इधर- उधर देख रही थी तभी मेरी नज़र स्वेटर बेचने वाली पर पड़ी वो बोली,

" कहाँ जा रही है?"

"मुझे स्टेशन का रास्ता नहीं मिल रहा है। आप बता दीजिए।"

मेरी बात सुनकर उसने मुझे रास्ता बताया। मैं डरते हुए तेज़ क़दमों से चलने लगी , पिता जी बहुत घबराए हुए थे। मुझे देखकर उन्होंने राहत की साँस ली , और कहा " तुम्हें पता तो था आज हमने जाना है। आज घूमने का दिन नहीं था। चलो जल्दी तैयारी करो आधे घंटे में रानीखेत की आखिरी बस है।"

हम रानीखेत की बस में बैठ गए मन में एक अनोखा कौतूहल सा था उस जगह जाने का जहां मैंने अब पढ़ना था। लगभग दो ढाई घंटे में हम रानीखेत पहुँच गए,अब हमें चौबटिया के लिये बस पकड़नी थी,रानीखेत से चौबटिया आधे घंटे का रास्ता है।

चौबटिया की बस लगी थी बैठ गए। चौबटिया पहुँचने पर मैंने देखा स्कूल के दो अध्यापक हमारे स्वागत के लिये खड़े थे।

स्कूल के एक अध्यापक हमें अपने घर ले गए ! उन्होने हमारा बहुत आदर सत्कार किया।

चौबटिया बहुत ख़ूबसूरत जगह लगी , बाँज , बुरांस के जंगलों से घिरा हुआ, छोटा सा कस्बा जहाँ कुमायूं रेजीमेंट का हेडक्कार्टर है।चौबटिया में प्रसिद्ध सेब का गार्डन है , जहां विदेशी शोधकर्ता अध्ययन के लिये आते हैं।

जिस स्कूल में पिताजी का ट्रांसफर हुआ था वो चौबटिया से थोड़ा नीचे कुनेलाखेत में था। कुछ अध्यापक चौबटिया से ही आना जाना करते थे , किन्तु मेरे पिताजी को स्कूल के हॉस्टल में ही रहना अच्छा लगा ! हम लोग हॉस्टल में आ गए।

हॉस्टल पुराना जर्जर था , उसमें दो चार कमरे ही ठीक थे , शेष कमरे रहने के लायक नहीं थे। जो भी कमरे ठीक- ठाक थे उनका उपयोग हम करते थे। स्कूल में खूब बड़ा फलों का बगीचा था। खुबानी , आड़ू , पल्म,आलूबुखारे आदि फलों की भरमार थी। एक खुबानी का पेड़ हमारे घर के पास था , हर सुबह पके हुये खुबानी गिरे होते थे , मैं सब को समेट कर लाती , ये खुबानी बहुत स्वादिष्ट होते थे।

अब हम लोगों का एडमिशन हो गया था, ईजा और छोटे भाई-बहन भी आ गये थे। मैं वहाँ खूब ख़ुश थी।

हमारे हॉस्टल के नीचे एक छोटा सा गांव था, मैं अक्सर वहाँ जाती , प्रत्येक घर से मुझे बहुत स्नेह मिला जो आज भी मुझे याद है। एक दिन मुझे उस गाँव में चार नवजात कुत्ते के बच्चे दिखे , उनमें से एक बच्चे को मैं घर लेकर आयी , पिताजी भी

उस छोटे बच्चे को देखकर बहुत ख़ुश हुए। मैं उस पिल्ले को बहुत प्यार से पालने लगी। मैंने उसका नाम झल्लू रखा। मैं जहां जाती झल्लू मेरे पीछे-पीछे आता। कभी-कभी झल्लू प्रार्थना स्थल पर पहुँच जाता और मेरे पीछे खड़ा हो जाता। कभी- कभी मेरी कक्षा में भी पहुंच जाता और मेरे टेबल के नीचे छुप जाता था। झल्लू की एक आदत थी वो अपनी रोटियों में से बची हुई कुछ रोटियाँ बरामदे के किसी कोने में छुपा देता , फिर जब मन होता तब उनको खाता था। एक दिन वो रात को करीब आठ बजे रोटी छुपाने जा रहा था उस दिन मैं भी उसके पीछे -पीछे गयी ,तभी मैंने वहाँ पर बाघ बैठा देखा। मैं चिल्लाई ..अचानक मैंने झल्लू के मुँह से एक करुण चीख सुनी।बाघ मेरे बहुत करीब से उसे उठा कर ले गया। मैं थोड़ी दूर तक झल्लू के पीछे गई, पिताजी भी आए मैं रो रही थी। रास्ते में ख़ून की बूदें गिरी थी। मायूस होकर हम लौट आए। रात भर सोई नहीं। बहुत दिनों तक किसी काम में मन नहीं लगा।

दो साल के बाद पिता जी का यहाँ से भी ट्रांसफर हो गया। बार- बार हो रहे स्थानांतरण से हम लोगों के अध्ययन में व्यवधान आ रहा था इसलिये पिताजी ने निर्णय लिया कि अब हम लोगों का गाँव में रहना ही बेहतर होगा।

हम लोग स्थायी रूप से अपने गाँव में रहने चले गए। मैं अपने गाँव के कॉलेज में पढ़ने लगी।

कुछ साल बाद उच्च शिक्षा के लिये पिताजी ने मुझे होस्टल में रख दिया। पढ़ाई पूरी होते ही मेरा विवाह हो गया।

विवाह के पश्चात इन सुंदर स्थानों में जाना न हो सका , किन्तु इन गाँवों की, रास्तों की जंगलों की ,हरे -भरे खेतों की और

अपने बाल सखाओं की स्मृतियों को अपने अन्तर्मन में छुपाए हुए हूँ। जब भी एकांत मिलता है मैं मीठी यादों में खो जाती हूँ।

# प्रतीक्षा

गगास में उन दिनों बहुत कम पानी था। कहीं-कहीं पर पानी जमा होकर छोटा तालाब सा बन जाता था। मैं पास ही किसी पत्थर पर बैठकर , छोटे तालाब में तैरती छोटी-छोटी मछलियों को देखते रहती थी। मुझे मछलियों को तैरते देखना अच्छा लगता था। अक्सर कपड़े छालने मैं यहीं आती थी। जब काम हो जाता ऐसे ही मछलियों को देखती रहती .....या यों कहें कि मैं मछलियों को प्यार करती थी। एक दिन हमारे पड़ोस में रहने वाले मेरे हम उम्र दो चार बच्चे आए और कहने लगे,

" तू क्या कर रही है यहाँ?" मैं बोली

"मैं मछलियों को देख रही हूँ।"

फिर वो बोले,

"आज का दिन उनके लिये अच्छा नहीं है।"

" क्यों?" मैंने कहा ,

"क्योंकि हम उन्हें पकडेंगे।"

मैंने पूछा ,

" कैसे ?" मेरा ये पूछना था कि उन्होंने एक डंडे से जिसके आगे नुकीला था...उसमें आटा लगाकर उस छोटे तालाब में डाला , मछली आटा खाने के लिए आती और काँटा उसको फँसा लेता , तड़प-तड़प कर मछली मर जाती। मैंने ऐसा न करने के लिये

बहुत मिन्नतें की किन्तु वे नहीं माने , मैं दुखी होकर घर लौट गई ...तब से मैं कभी गगास के उन छोटे-छोटे तालाबों को देखने नहीं गई।

उन दिनों मैं अकेली ही बिन्ता आई थी, अपने पिता के साथ। मेरे भाई बहन माँ के साथ हमारे गाँव में ही थे।

पिताजी मुझे अपने साथ नहीं लाना चाहते थे किन्तु उन दिनों स्कूल में छुट्टियां थी इसलिए कुछ दिनों के लिये अपने साथ ले गये।

मेरे पिता बिन्ता में शिक्षक थे। बिन्ता गगास के किनारे बसा एक बहुत सुन्दर गाँव है।

गगास एक ऐसी नदी है जो गर्मियों में लगभग सूख जाती है किंतु बरसात में इसका किनारों तक बहता पानी , इसका बहाव, संगीतमय शोर, उठती - गिरती लहरें मन मोहने वाली होती हैं।ये घाटी बहुत

उपजाऊ है। मुझे यहाँ के हरे - भरे धान के खेत , गगास के किनारे के घट, जहाँ मैं गेहूं पीसने जाती थी , आज भी याद हैं।

इतनी छोटी उम्र में भी मैं घर के छोटे मोटे काम कर लेती थी।

पिताजी खाना बनाते थे मैं बर्तन धोती, घर की सफाई करती , पिताजी कपड़ों में साबुन लगाते , मैं धारे से छाल लाती , साथ में पढ़ती भी थी। पिताजी मेरे कामों से ख़ुश हो जाते और कहते,

" मेरी बेटी तो हीरा है।"

इन स्नेह भरे शब्दों को सुनकर मेरा उत्साह दोगुना हो जाता था।

हमारे पड़ोस में एक परिवार रहता था पति-पत्नी दोनों ही शिक्षक थे। उनकी लड़की मेरी दोस्त थी हम साथ-साथ खेलते थे। उसका नाम सुनीता था।

एक दिन अचानक घर से दुखद ख़बर आयी , मेरे ताऊ जी के देहांत का समाचार आया।ताऊ जी

जवान ही थे। उनका बड़ा बेटा बी.एस.सी फस्ट ईयर में था , सबसे छोटी बेटी एक साल की थी , उनके निधन की ख़बर से मेरे पिता सदमे में थे।

ताऊ जी का बड़ा पुत्र अल्मोड़ा में पढ़ता था , अत: मेरे पिता जी को अल्मोड़ा होते हुए घर जाना था। अब ये निर्णय हुआ कि पिताजी बिन्ता से अल्मोड़ा होते हुये घर जाएंगे , मैं उन्हें सोमेश्वर बस स्टेशन पर मिलूंगी। किन्तु मैं किसके साथ सोमेश्वर पहुंचूंगी ? मेरे पिता इस विषय पर सोच ही रहे थे।

तभी हमारे पड़ोस में रहने वाली बहन जी बोली ,

" जोशी जी आप अभी अल्मोड़ा के लिये चल दीजिए , मुझे आज घर जाना है , मैं आपकी बेटी को अपने साथ ले जाऊंगी ,कल सुबह इसे लेकर स्टेशन पर आ जाऊंगी...इस दुख के समय इतनी सहायता तो कर ही सकती हूँ।"

उनका घर सोमेश्वर के पास था।

तब बिन्ता से सोमेश्वर पैदल ही जाते थे , लगभग छह सात घंटे का पैदल रास्ता था। रास्ता सीधा था कहीं उतार चढ़ाव नहीं था।राह में कुछ सुन्दर गाँव थे। हरे - भरे फसलों से लहलहाते खेत मन मोहते थे। इतनी सुन्दर उपजाऊ घाटी इससे पहले

तथा इसके बाद मैंने नहीं देखी। ये क्षेत्र कुमाऊँ का समृद्ध क्षेत्रों में आता है !

अब मैं बहन जी के साथ चली बिन्ता से सोमेश्वर के लिए। इतना पैदल चलने पर भी मुझे तनिक थकान नहीं थी।

रात को उनके घर ठहरी। सुबह बहन जी मुझे बस स्टेशन पर बैठा गई।जाते- जाते बोली,

" तू यहीं बैठे रहना तेरे पिताजी आएंगे तुझे बस में बैठा लेंगे।"

उस समय मेरी उम्र लगभग आठ साल की होगी , मैं सोमेश्वर के बस स्टेशन पर बैठी अपने पिता के इंतज़ार

में हर बस को बड़ी हसरत से देख रही थी , उन दिनों अल्मोड़ा- ग्वालदम एक ही बस चलती थी , मुझे ये सब पता नहीं था , मैं तो अपने पिता की प्रतीक्षा

कर रही थी। जब भी गाड़ी की आवाज़ कानों में पड़ती ...सोचती बस आ गई है।

मुझे काफ़ी देर हो गई थी तभी वहाँ पर बैठे किसी आदमी ने कहा,

" बेटा तू यहाँ क्यों बैठी है?"

मैं बोली "बस में, मेरे पिताजी आने वाले है , हम घर जाएंगे।"

"कहाँ जाना है?"

"ग्वालदन" मैंने कहा,

"ग्वालदम की गाड़ी तो चले गई , अब कल आएगी, तू कहाँ से आई है , तेरे पिताजी का नाम क्या है बेटा।"

मैंने उसकी बात का उत्तर नहीं दिया और जिस रास्ते वो बहन जी मुझे लाई थी , जोर-जोर से रोते-रोते उसी रास्ते से वापस जाने लगी।

मैंने हरे रंग की फ्रॉक पहनी थी , मेरे बाल कटे हुए थे, उन दिनों पहाड़ में लड़कियों के बाल नहीं काटते थे।

मैं बिन्ता की तरफ़ दौड़ रही थी , जोर-जोर से रो रही थी। कुछ आने -जाने वालों ने पूछा भी था , मैंने किसी की बात का उत्तर नहीं दिया।

दौड़ते-दौड़ते मैं झुपुलचौंर ( छोटा बाजार) के आस- पास तक पहुँच गई थी। मैं बहुत भयभीत थी और मानसिक रूप से विचलित भी।

तभी मैंने देखा एक लड़का आ रहा था उसने मेरा रास्ता रोक कर मुझ से पूछा

" तू क्यों रो रही है , कहां जा रही है, तेरा नाम क्या है, तेरे पिता का नाम क्या है, तेरा गाँव कहाँ है?"

वो लड़का सोमेश्वर की ओर जा रहा था। उसके पीछे एक कुली था जो उसका सामान सर पर लिए उसके पीछे चल रहा था।

मैंने उसे अपना पूरा परिचय दे दिया। जैसे ही उसको मैंने अपने पिता का नाम बताया , वो चौंक कर बोला, "अरे तू तो हमारे गुरु जी की लड़की है।"

उसने बड़े भाई की तरह मेरे आँसू पोंछते हुए कहा ,

" रो मत बैंड़ी तू गुरु जी के आने तक हमारे घर रहना"

फिर उसने अपने कुली से कहा,

" अरे हरिया ला सामान मुझे दे और इस बच्ची को अच्छी तरह हमारे घर छोड़ दे, ईजा से कहना जब तक इसके बाबू न आ जायें इस को प्यार से घर पर रखना।"

मैं एक नए घर में पहुँच गयी , घर के सारे लोग मुझे देखने आ गये , सबके लिये मैं कौतूहल का विषय बन गई थी।हर कोई मुझसे सवाल करता मैं जहाँ तक हो सके उत्तर देती , आस-पास के गाँवों में ये ख़बर फैल गई कि एक खोई हुई लड़की चौधरी जी के घर आई है।

उस घर में दो लड़कियां मेरे बराबर थी , मैं उन से घुलमिल गई थी। धीरे-धीरे मुझे वहाँ अच्छा लगने

लगा।

उनका घर बड़ा था , परिवार भी बड़ा , मुझे परिवार के सदस्यों से स्नेह मिल रहा था !वो सभी लोग मेरा बड़ा ख़्याल रखते थे।

मेरी दो सहेलियां बन गयीं थी। बिन्ता में तो मैं,अकेली ही रहती , ईजा के वहाँ न होने से थोड़ा बहुत घर का काम भी करना पड़ता था। यहाँ तो दिन भर खेलती, खूब घूमती, उनके बहुत से आम के पेड़ थे , आम के पेड़ के नीचे खड़ी पके आम के गिरने का इंतज़ार करती थी।

इतना सब होने के पश्चात भी कभी-कभी मैं सोचती , हो सकता है ये लोग धीरे-धीरे मुझे नौकरानी बनायें , या घर से निकाल दें फिर मैं कहां जाऊंगी ? मेरा बाल मन वैसे तो ख़ुश था मगर मेरे मन में बहुत सारे

प्रश्न उठते थे।पिताजी की और घर की याद आती थी।

मुझे वहाँ रहते पन्द्रह दिन हो गए थे। तभी एक दिन पिताजी आ गए। उन लोगों ने मुझे बताया कि तेरे पिताजी तुझे लेने आ गए हैं। पिताजी आ गए किन्तु मेरे मन में इस ख़बर की कोई प्रतिक्रिया नहीं हुई। मैं पत्थर की मूर्ति बनी एक ही जगह में स्थिर रही।

पिताजी मेरे सामने खड़े थे मैंने पिताजी की तरफ़ देखा ही नहीं। पिता जी बोलते रहे ...मैंने कोई उत्तर नहीं दिया।

पिताजी बार-बार अपनी गलती मान रहे थे। अपनी सफाई में कह रहे थे।

"उस दिन सुबह से बारिश हो रही थी , मैंने सोचा बहन जी इतनी बारिश में तुझे बस स्टेशन नहीं लायेंगी , मैं नीता बहन जी को देख रहा था।

जब वो नहीं दिखी तो मैंने सोचा उन्होंने तुझे अपने घर में रख लिया होगा। मैं नहीं जानता था वो ऐसा करेंगी किन्तु उन्होंने बहुत धोखा दिया। "

पिता जी बोलते जा रहे थे मैंने उनकी ओर देखा भी नहीं मेरे ऐसे व्यवहार से पिताजी बहुत दुखी हो गये।

पिताजी की आँखों से कुछ बूंदें छलक गयीं किन्तु मुझ पर इसका कोई फ़र्क़ नहीं पड़ा।

अन्ततः जाना तो था। मेरे नये घर के लोगों ने मुझे बहुत प्यार से विदा किया , मुझे बहुत सुन्दर फूलों वाली फ्रॉक उपहार में दी कुछ पैसे भी जबरदस्ती हाथ में पकड़ा दिए।

मुझे भी यहाँ से विदा होने में बुरा लग रहा था।सभी लोग कुछ दूर तक मुझे पहुँचाने भी आए।

मैं रास्ते भर पिताजी से नहीं बोली , घर आकर भी नहीं किन्तु काम पहले की तरह ही करती थी।

एक महीने तक मैंने बात नहीं की , बहुत मनाने पर फिर बोलने लगी।

आज भी ये घटना याद आती है , फिर मैं सोचती हूँ कि हमारे पहाड़ में कितने अच्छे लोग थे।पिताजी कह रहे थे।

"इस लड़के को मैंने रानीखेत में पढ़ाया था , वो भूला नहीं मुझे... ऐसे शिष्य भाग्य से मिलते हैं।ये मेरे प्रिय शिष्य का स्नेह और सम्मान है। उसका ये उपकार मैं कभी न भूलूंगा।"

अगर उस दिन वो फरिश्ता सा युवक मुझे नहीं मिलता , अपने घर नही पहुँचाता ....तब उस स्थिति में मेरा क्या होता, ये सोच के भी मेरे रोंगटे खड़े हो जाते हैं।

इस में कुछ मेरे पिता का स्नेह था क्योंकि वो अपने शिष्यों को अपने बच्चों सा ही समझते थे। पिताजी के पढ़ाये विद्यार्थी उनके लिये कुछ भी करने को तैयार रहते थे।

आज जब मैं समाचार पत्रों में नित नयी दिल दहलाने वाली खबरें पढ़ती हूँ तो मुझे बरबस अपने बचपन की ये घटना याद आती है। तब तो मैं बच्ची थी किन्तु आज जब दुनिया देख ली , लोग देख लिये, जीवन और जगत के विषय में बहुत कुछ जान लिया तब मुझे अपने पहाड़ और वहाँ के निश्छल निवासियों के लिये अगाध स्नेह और अपार सम्मान उमड़ता है।

# मोहन चाचा

मोहन चाचा कपड़े सीते थे। आस-पास के दो तीन गांवों के छोटे बच्चों और महिलाओं के कपड़े अधिकतर वही सीते थे। कपड़े सिलने की मशीन को आये अभी पांच , छह महीने ही हुए थे। कुछ लोग दया से भी छोटे- मोटे कपड़े उन्हें सिलने के लिए न चाहते हुए भी दे ही देते

थे। मोहन चाचा के दोनों पैर जन्म से ही खराब थे , वे घिसट-घिसट कर चलते थे , मुझे उन्हें ऐसे चलते देखकर बहुत दुख होता था। पैर तो उनके ठीक नहीं थे ...किन्तु बुद्धि बहुत प्रखर थी। उनके पास एक रेडियो था , तब टीवी का ज़माना नहीं था ...रेडियो सुन-सुन कर उनका सामान्य ज्ञान भी अच्छा - खासा हो गया

था ,समाचार वे नियमित सुनते थे। कभी -कभी मैं भी चाचा से रेडियो माँग कर सुनती थी।

कपड़े सिलने की सलाह उन्हें किसी ने नहीं दी , न ,ही पैसे ही किसी ने उन्हें दिये ...ये मशीन उन्होंने अपने कमाए पैसों से ली थी। पहले उन्होंने बिना किसी मार्गदर्शन के अखबार काट-काट कर कपड़े सीना

सीखा, फिर जब कुछ पैसे जमा होगये तभी एक दिन बरेली जाते हुए मुझसे कहा था ,

" तू जिस दिन जाएगी मिल के जाना।"

उन दिनों मैं आगे की पढ़ाई बरेली में अपने ताऊ जी के पास रहकर करती थी।

जाते समय मिलने गयी तो चाचा बोले,

"ले ये रुपये पकड़ और आते समय मेरे लिये एक कपड़े सिलने वाली मशीन लेकर आना।"

आत्मनिर्भर बनने की उनकी चाह मुझे बहुत अच्छी लगी, पैसे पकड़ते हुए तनिक संकोच हुआ ...सोचा काश! मैं ये रुपये न लेकर अपने स्वयं के पैसे से मशीन खरीदती तो कितना अच्छा होता। मैंने पैसे ले लिए और उनके लिए मशीन ले आयी।

कभी- कभी ईश्वर के न्याय पर संदेह होता , सोचती सभी चलते हैं , दौड़ते हैं , घूमते हैं पर मोहन चाचा को जीवन भर घिसटते हुए चलना है। सबसे अधिक दुख मुझे तब होता जब मैं सरस्वती बुआ को देखती, मोहन चाचा और सरस्वती बुआ दोनों साथ रहते थे। दोनों भाई- बहनों की किस्मत एक सी थी।सरस्वती बुआ भी बड़ी बदनसीब थी। नौ साल की उम्र में उनका विवाह हुआ , विवाह के तीन महीने के बाद ही उनके पति का देहांत हो गया। बुआ ने सिर्फ़ तीन दिन ही अपने पति को देखा था।

उनके पति होस्टल में रहकर पढ़ाई करते थे। बुआ के ससुराल वाले बहुत अमीर थे, पति बहुत प्रतिभाशाली थे, लेकिन ज़िन्दगी बहुत छोटी माँग के लाये।

नौ साल की उम्र बहुत छोटी होती है। अभी तो खेलने कूदने की उम्र थी , बचपन ही था और विडम्बना देखिये वो जीवन शुरू होने से पहले ही जीवन को हार बैठी। सास इस असमय हुये वज्रपात के लिये सरस्वती को दोषी समझने लगी। उन्होंने इस

बालिका-वधू को घर से निकाल दिया। सरस्वती मायके चली आयी, मायके में पाँच भाई थे , दो बहनें ससुराल में थी। एक भाई बिना पाँव के मोहन चाचा थे। सरस्वती बुआ को अच्छे से पता भी नहीं था कि उनके जीवन में क्या घट गया।

सरस्वती बुआ मायके में ही रहने लगी। अभी तो बचपन ने ही साथ नहीं छोड़ा था। वो जानती नहीं थी कि उसके साथ अनहोनी हुई है। धीरे- धीरे किशोरावस्था की ओर बढ़ते कदम ...वय संधि काल, किन्तु सरस्वती के लिये क्या ? वो तो पहले ही सब हार बैठी थी। अपनी हार जिसका अर्थ उसने उस वक्त नहीं जाना था ...अब धीरे- धीरे वो समझ रही थी। समय बीत रहा था। सगे सम्बन्धियों , रिश्तेदारों और अजनबियों से उसे ज्ञात हो रहा था कि वो एक सामान्य युवती नहीं थी। वो तो एक भाग्यहीन , दुखी नवयौवना थी जिसके अरमान जल चुके थे , स्वप्न खो चुके थे।

कुछ वर्षों के पश्चात जब भाइयों के परिवार बढ़ने लगे तो परिवार वालों ने मोहन चाचा और सरस्वती बुआ का अलग रहने का इंतजाम कर दिया , उन्हें अलग से घर,मोहन चाचा के हिस्से के खेत और जरूरी सामान भी दिया गया क्योंकि अब और भाई भी अलग हो गये थे।

भाई चल नहीं सकता , बहन बाल विधवा , दोनों का साथ रहना, कितनी करुण स्थिति थी। मैं दिन में एक बार जरूर बुआ के घर जाती वैसे भी उनके बरामदे में कोई न कोई अवश्य होता।चाचा अकेले हों तो मैं चाचा से , बुआ अकेली हों तो बुआ से बातें करती थी।

सरस्वती बुआ ने गाय और भैंस दोनों पाली थी। अपने लिये दूध रखकर, बचा दूध बेचती थी। चाचा आस -पास के गाँव वालों के कपड़े सिल कर अच्छे पैसे कमा लेते थे। उनके पास पैसों की कमी न थी ! जब कभी मैं बरेली के लिए जाती तो बुआ मुझे अवश्य पैसे देती थी

बुआ पूरे गांव को प्यार करती थी ,बच्चे , जवान, बूढ़े सब उन्हें अज़ीज़ थे।जब जिसको उनकी जरूरत होती वो हाज़िर हो जाती। पैसों से भी सहायता करती।

हमारे मकान से सटा हुआ एक संतरे का पेड़ था , उसमें बहुत से संतरे लगते थे , ये पेड़ और संतरे के पेड़ों से बड़ा था। पेड़ की एक शाखा मकान के छत से

सटी थी। पेड़ में खूब संतरे लगे थे , मुझे पेड़ों में चढ़ना नहीं आता था ! उस दिन पता नहीं क्यों मैं पेड़ में चढ़ गयी , साथ में झोला भी ले गयी थी। झोले को सन्तरों से भरकर , मन में आया कि टहनी से छत में चढ़ जाऊँ और छत के रास्ते उतर जाऊँ। बड़ी हिम्मत करके एक पाँव छत में रख दिया , दूसरा पाँव पेड़ में ही रह गया , बड़ी विकट स्थिति थी ...मैं जो पाँव पेड़ में था उसे छत में नहीं रख पा रही थी , और जो पाँव छत में था उसे पेड़ में नहीं रख पा रही थी।

कुछ पल नाकाम कोशिशों के पश्चात मैं घबरा कर चिल्लाने लगी , मुझे चिल्लाते देखकर मेरी छोटी बहन रोने लगी। हमारा गाँव बहुत छोटा है फिर भी कुछ लोग तो थे ही पर मेरा रोना किसी ने नहीं सुना। मुझे लग रहा था जैसे मैं गिरने ही वाली हूँ ...तभी कहीं से दौड़कर सरस्वती बुआ आ गयीं। वो बड़ी फुर्ती से पेड़ में चढ़ गयीं , उन्होंने मुझे इस स्थिति से बाहर निकाला।

उस दिन यदि बुआ मुझे नहीं बचाती तो मैं जीवन भर के लिये अपंग हो जाती।

सरस्वती बुआ बहुत हँसमुख थी मैंने उन्हें कभी उदास नहीं देखा। दोनों भाई बहन इतने ख़ुश दिखते ...उतना गाँव में दूसरा कोई नहीं दिखता। दोनों के हँसते- मुस्कुराते चेहरे ...मुझे उदास कर देते। यदि आज की बात होती तो मैं शायद ये ग़ज़ल गुनगुनाती-

"तुम इतना जो मुस्कुरा रहे हो

क्या ग़म है जिसको छुपा रहे हो"

सच तो है वो सरस्वती बुआ जिसका विवाह हुआ तो सही मगर वैवाहिक जीवन उन्होंने नहीं जिया ...नौ वर्ष की उम्र,तीन दिन का ससुराल उसके बाद वैधव्य की वेदना ...उनका जीवन एक कठोर साधना थी।अपने अपंग भाई का एकमात्र सहारा थी सरस्वती बुआ। आसपास के गाँवों में ये भाई-बहन निराश लोगों के लिए प्रेरणा थे।

एक बात जो मुझे उदास करती वो थी ...विवाह के अवसर पर बुआ का मधुर स्वर में मंगल गीत गाना,

उनका स्वर मधुर था ...उनका सुन्दर स्वर बरबस अपनी ओर ध्यान आकर्षित करता था।अभिशप्त जीवन जीकर भी सबको सुखी वैवाहिक जीवन की दुआएं देना...मेरी चेतना को झकझोर देता।जहाँ भी विवाह होता उन्हें बड़े आदर से बुलाया जाता ..वो गाती रहती अपने अमंगल मुँह से मंगल गीत। उनकी सास ने तो उन्हें अशुभ कह कर घर से निकाल दिया था। अब तो बुआ की सास भी महीने में एक बार उन्हें देखने आती थी।

सरस्वती बुआ अपनी सास का बहुत स्वागत करती ..प्यार से स्वादिष्ट भोजन बनाती , आदर सहित उन्हें खिलाती ...उनकी सुविधा का ख़्याल रखती थी ! जाते समय आधे रास्ते तक उन्हें पहुंचाने भी जाती।

एक और विशेषता थी उनमें जो भुलाये नहीं भूल सकती ...सरस्वती बुआ गाँव की हर स्त्री के प्रसव के समय उपस्थित रहती थी। उन्होंने इस विषय में अपनी माँ से जो सीखा था ...उस ज्ञान के प्रयोग से वो हर जच्चा- बच्चा को सुरक्षित रखने में सफल रहीं ,उनके रहते गाँव की नव यौवनाएँ इस स्थिति से हँसी -ख़ुशी निकल कर मातृत्व के सुख को प्राप्त होती थीं।

मोहन चाचा, सरस्वती बुआ गाँव में सबके प्रिय थे। एक कपड़े सिलता , दूसरा खेती, गाय, भैंस पालता , उनका छोटा सा संसार भौतिक रूप से तो सुखी था। वैसे भी किसी ने उन्हें कभी किसी भी तरह की शिकायत करते नहीं देखा था। कभी किसी को अचानक पैसों की जरूरत पड़ी तो वे आर्थिक सहायता करने के लिये तैयार रहते।

विवाह के पश्चात मैंने सिर्फ़ एक दो बार ही उन्हें देखा

था।एक दिन ख़बर मिली कि सरस्वती बुआ दुनिया छोड़ चली ...बहुत दुख हुआ ...अफ़सोस भी हुआ कि उनसे मिल नहीं पायी।

समय मिलते ही जब में गाँव गई ..मन दुखी था कि सरस्वती बुआ को देख नहीं पाऊंगी फिर यह सोचकर मन को समझाया कि मोहन चाचा से तो मिल सकूंगी।

जैसे ही गाड़ी से उतरी ...गाँव में मेरे आने की ख़बर फैल गई। एक- एक करके सबसे मिलते गई। सबसे अन्त में मोहन चाचा

से मिली ...उनको देखते ही सरस्वती बुआ की याद आंसू बनकर बहने लगी ..थोड़ी देर बाद जब मन थोड़ा हल्का हुआ तो ...हम दोनों ने खूब बातें की।जाने को जब हुई तो मोहन चाचा ने मुझे एक डिब्बा पकड़ाते हुये कहा ये दीदी ने तेरे लिये रखा है।मैंने डिब्बा खोला तो देखा उसमें सोने का गलोबन्द( गले का हार) तथा सुंदर कान की बालियाँ थी।

उनकी दी हुई ये सौगात मेरे आंसुओं से भीग कर और भी अमूल्य हो गयी ....आँखों से सावन बरसने लगे मैंने रोका नहीं बरसने दिया ...तब तक जब तक हृदय का आकाश निरभ्र नहीं हो गया। मेरे तन मन को पावन कर गयी सरस्वती बुआ...यों लगा जैसे वो सचमुच सरस्वती थी।

# भिखारी

मैं और चित्रा साथ कॉलेज में पढ़ते थे, चित्रा को मैं प्यार से चना कहती थी। चना मेरी बहुत अच्छी दोस्त थी। हम दोनों के घर पास- पास थे कॉलेज के बाद का समय हम दोनों एक साथ गुज़ारते थे.....कभी वो मेरे घर आ जाती , कभी मैं उसके घर चली जाती। अवकाश के दिन हम जितना संभव हो सके उतना साथ रहते।

एक दिन रविवार को सुबह -सवेरे चना के घर गई , मैंने देखा एक सुन्दर सा युवक एक चित्र चना को दिखा रहा था। चित्र भी एक सुन्दर स्त्री का था !मुझे देखते ही चना बोली,

" अरे बैठ तू कहाँ जा रही है ,मेरे दाज्यू से मिल ये कल शाम पहुंचे लखनऊ से। ये लखनऊ विश्वविद्यालय में पढ़ते हैं। "

चना अपने दाज्यू का बनाया चित्र मुझे दिखाते हुए बोली,

"देख दाज्यू ने कितनी सुन्दर तस्वीर बनाई है अपनी माँ की ..बुआ अब दुनिया में नहीं है।"

बात मेरी समझ में आ गई थी , चित्र भी बहुत सजीव था। मैंने चित्रकार युवक को हाथ जोड़ते हुए कहा, "नमस्ते दाज्यू आपकी माँ बहुत सुन्दर होगी ..चित्र देख के ऐसा ही लग रहा है।"

दाज्यू ने सर झुका लिया मैंने देखा था उनकी आंखें नम हो गयीं थी !अपनी आँखों को पोंछते हुए तनिक यत्न से दाज्यू बोले।

"हाँ मेरी माँ जितनी सुन्दर दिखने में थी उतनी ही सुन्दर दिल की भी थी।"

ऐसा कहते हुए उन्होंने अपनी माँ की कुछ

तस्वीरें , जो उन्होंने बनायी थी दिखायी , सब सुन्दर थीं।

चना मुझे घर तक छोड़ने आयी ..रास्ते में वो बोली "अरे तू इतनी गम्भीर क्यों हो गयी है ?"

मैंने उदासी भरी आवाज़ में उत्तर दिया,

" तेरे पूरन दाज्यू अपनी माँ को कितना याद करते हैं , लगता है अपनी माँ को बहुत प्यार करते होंगे ...यही सोच रही हूँ कि ईश्वर इतना निष्ठुर क्यों है। जहाँ प्रेम की अधिकता हुई वहीं जुदा कर देता है। एक नहीं अनेक उदाहरण हैं ऐसे "

मेरा उत्तर सुनकर चना बोली,

"मेरी बुआ का नाम सविता था। बहुत सुन्दर , पढ़ी - लिखी थी। माँ बताती है कि उनकी शादी के लिए बहुत से रिश्ते आए थे। अन्त में लखनऊ वाला रिश्ता घरवालों को सबसे अच्छा लगा। फूफा जी प्रोफेसर थे , घर परिवार भी बहुत अच्छा था।

सविता बुआ अपने ससुराल में बहुत ख़ुश थी। फूफा जी बुआ को पलकों पर बिठा कर रखते थे। विवाह के दो वर्ष बाद ही पूरन दाज्यू का जन्म हो गया ...घर में ख़ुशियों का जैसे साम्राज्य आ गया हो।"

"जब तुम्हारी बुआ ने दुनिया को अलविदा कहा तब तुम्हारे पूरन दाज्यू की उम्र कितनी थी?"

मैंने जानना चाहा।

" दस ,बारह, साल उम्र रही होगी , कहते हैं कि माँ की मृत्यु का पूरन दाज्यू पर मनोवैज्ञानिक रूप से गहरा प्रभाव पड़ा...उन्होंने बोलना छोड़ दिया था। हर समय गुम -सुम रहने लग गये थे ...वो तो उनकी दादी थी जिन्होंने उन्हें सम्भाल लिया नहीं तो पता नहीं क्या

होता ? दुर्भाग्य ने यहाँ भी नहीं छोड़ा , ठीक दो वर्ष बाद दादी भी चल बसी। "

"क्या इनके पिता ने दूसरा विवाह किया ?"

मैंने पूछा था।

चना झट बोली ,

" हाँ एक साल बाद फूफा जी ने विवाह कर लिया। विमाता का व्यवहार पूरन दाज्यू के साथ अच्छा नहीं है। सौतेली माँ का सौतेले व्यवहार से पूरन दाज्यू का दुख दुगुना हो गया।"

"क्या इनके पिता इनको प्यार नहीं करते है, इनका ध्यान नहीं रखते हैं? बिन माँ के बच्चे के पिता का उत्तरदायित्व और भी बढ़ जाता है।"

मैंने पूछा, उत्तर में चना बोली ,

"अरे कहाँ फूफा जी तो अपनी नयी पत्नी के इशारों पर नाचते हैं। एक बार मैं गई थी, मैंने देखा फूफा जी, उनकी नयी पत्नी और बेटा अपने कमरे में टीवी देखते थे, पूरन दाज्यू अपने कमरे में बैठ चित्र बनाते ,कॉमिक्स पढ़ते। ये सब देखकर मुझे बहुत बुरा लगा , मैं जितने दिन वहाँ रही दाज्यू के साथ अधिक समय व्यतीत करती थी। "

उत्तर में मैंने कहा ,

"चित्रा मैंने देखा है अकेली मां अपने बच्चों के लिए माँ बाप दोनों बन जाती है।आजीवन विवाह भी नहीं करती किन्तु कुछ अपवादों को छोड़कर पुरुष नयी स्त्री के सामीप्य की चाह में अपने ही बच्चों को अनाथ बना देता है।"

मेरी बात सुनकर चित्रा बोली,

" तू सही कह रही है ...जब तक बुआ जीवित थी तब तक फूफा जी पूरन दाज्यू की बहुत देखभाल करते थे ! उनको अपने हाथों से खिलाते थे।"

चित्रा की बात सुनकर मैं बोली,

" कुछ पुरुष माँ के देहांत के पश्चात अपने ही बच्चों के लिए सौतेले बन जाते हैं।"

चित्रा के घर से लौटने के बाद भी मैं सामान्य नहीं हो सकी थी।बार-बार पूरन दाज्यू की अपनी माँ की तस्वीर बनाती छवि आँखों के आगे आ जाती ...मैं दुखी हो जाती।

फिर सोचती इस संसार में माँ के सिवा दूसरा कोई नहीं जो निस्वार्थ स्नेह करे। ऐसा सिर्फ़ माँ करती है। किन्तु ऐसा पुत्र मैं पहली बार देख रही थी। जिसने बारह वर्ष की उम्र में माँ को खो दिया किन्तु यौवन की देहरी पर खड़ा ये पुत्र आज भी अपनी माँ की स्मृतियों की कोमल छाँव में विचरण कर रहा है।अवश्य ही इसकी माता कोई देवी स्वरूपा स्त्री होगी ....यही सब सोचती रही बहुत देर तक।

उस दिन शाम को जब चित्रा के घर गयी ..तो कहीं पूरन दाज्यू नहीं दिखे , पूरा घर देखा वो नहीं थे ...और दिन जब मैं जाती थी तो सर्वप्रथम बालकनी में बैठे हुये या बाहर वाले कमरे में , कुछ

पढ़ते या चित्र बनाते हुए दिख जाते थे। मैंने चित्रा से पूछा " चना, तेरे दाज्यू आज दिख नहीं रहे हैं।"

" वो चले गए ..उनकी कोई परीक्षा थी।"

"ओह! इसी लिये सूना- सूना लग रहा है। "

"हाँ तू सही कह रही है हमें भी ऐसा ही लग रहा है। "

परीक्षा का समय आ गया था मैं अपने अध्ययन में डूब गयी। परीक्षा के पश्चात मैंने घर के काम में माँ की सहायता करना शुरू किया। चित्रा भी पहाड़ में रहने वाले अपने किसी रिश्तेदार के घर चली गयी थी।

बहुत दिनों के बाद चित्रा को देखा वो कुछ उदास दिखायी दे रही थी। मैंने उससे उदासी का कारण पूछा, वो बोली ,

" अरे पता है पूरन दाज्यू आये हैं , किन्तु दाज्यू की तबीयत ठीक नहीं है।" मैंने कहा " क्यों क्या हुआ उनको।"

"उनके चेस्ट में इन्फेक्शन हुआ है। डा. ने अस्पताल में भर्ती कराने को कहा है। "

मैंने सोचा सारी परेशानियाँ पूरन दाज्यू के ही भाग्य में विधाता ने लिख दी हैं।

वो अस्पताल में भर्ती थे , चित्रा लोग घर से उन्हें खाना भेजते थे। एक दिन चित्रा बोली,

पता है तुझे कल पूरन दाज्यू को खाना देने मैं गई थी। पूरन दाज्यू मुझसे कह रहे थे,

" मैं ठीक हो गया हूँ , अस्पताल वाले मुझे डिस्चार्ज नहीं कर रहे हैं। मामा जी से कहना मुझे डिस्चार्ज करवा दें , मैं निर्मला दीदी के यहाँ कानपुर जाना चाहता हूँ।"

"ये निर्मला दीदी कौन हैं ?"

मैंने पूछा।

"अरे ये पूरन दाज्यू की सौतेली बहन है। कानपुर में सरकारी नौकरी करती हैं , अभी उनका विवाह नहीं हुआ है। निर्मला दीदी पूरन दाज्यू से बहुत स्नेह करती हैं।"

चित्रा लोगों का परिवार शहर के पढ़े-लिखे , सम्पन्न परिवारों में आता था। इनके रिश्तेदार उँचे-उँचे ओहदों पर थे।

मैंने सोचा जब वो अच्छा अनुभव कर रहे हैं तो उन्हें घर बुला लेना चाहिए लेकिन मैं कौन होती हूँ, मेरे सोचने से क्या होता , दूसरों के परिवार में हस्तक्षेप करना ठीक नहीं होता ...यही सोचकर मैंने कुछ नहीं कहा मगर मन मेरा बार-बार कहता तुझे कुछ कहना था...यों चुप रहना ठीक नहीं , यही तो परीक्षा की घड़ी है। मैं देखती रही पूरन दाज्यू का नसीब और सोचती रही देखें आगे क्या लिखा है ईश्वर ने उनके माथे की लकीरों में।

उस दिन मुझे कुछ काम था चित्रा से , मैं सन्ध्या समय उनके घर गई थी ..चित्रा ड्राइंग रूम में बैठी चाय पी रही थी। उस दिन चित्रा के चाचा भी बैठे थे , चित्रा के माता-पिता शायद दुर्भाग्य से वहाँ उपस्थित नहीं थे। वो दिन एक निर्णायक दिन बनने वाला था।

हम लोग बैठे थे , तभी कुछ आवाज़ हुई मैने देखा दरवाजे पर पूरन दाज्यू खड़े हैं। वो एकदम स्वस्थ लग रहे थे। पूरन दाज्यू

का व्यक्तित्व बहुत आकर्षक था। थोड़ी देर उन्हें देखती रही ...अचानक पूरन दाज्यू मुझे शरत चन्द्र के प्रसिद्ध नायक देवदास से लगे। सुदर्शन व्यक्तित्व ... किंतु मैले अस्त-व्यस्त कपड़े ..बहुत दिनों से बिना धोया चेहरा , जटा बने , सुन्दर घने रेशमी बाल हूबहू देवदास की तरह।

उनका बाल मन अपनी माता के वियोग को सहन नहीं कर पाया , उन्होंने अपने दुख का प्रतिशोध अपने से लिया ...इस स्थिति से उनके पिता उन्हें उबार सकते थे ....काश! वो अपने पुत्र को अवसाद के दलदल से बाहर निकाल पाते, उन्होंने अपने एकाकी पुत्र की ओर देखा भी नहीं ...उनका पुत्र अपने को ही दण्डित करने लगा।

चित्रा ने जैसे ही दाज्यू को देखा आश्चर्य से बोली,

" दाज्यू आप इस वक्त यहाँ, आइये अन्दर आइए बाहर क्यों है?"

दाज्यू अन्दर आ गये उन्होंने अपने मामा को प्रणाम किया ....फिर कुछ सोचते हुए कुर्सी पर बैठ गये।

अचानक पूरन दाज्यू को यहाँ देख कर चित्रा के चाचा बोले,

" अरे पूरन तू अस्पताल से डिस्चार्ज हो गया?"

मामा का प्रश्न सुनकर दाज्यू बोले,

"मामा जी मैं अब ठीक हूँ लेकिन अस्पताल वाले नहीं छोड़ रहे हैं। मैं अब वहाँ नहीं रह सकता , मैं कानपुर निर्मला दीदी के पास जाना चाहता हूँ, वो मुझे बुला रही हैं"

"अस्पताल से भाग रहा है।"

मामा बोले,

उत्तर में दाज्यू बोले,

" जब बीमार नहीं हूँ तो वहाँ क्यों रहूँ मामा जी?"

इस पर मामा बोले,

" जा अभी तू अस्पताल जा फिर देखेंगे।"

मामा जी की बात सुनकर दाज्यू बोले ,

"मामा जी आप मुझे पांच सौ रुपये दे दीजिए मैं जो बस मिले उससे अभी कानपुर के लिये चल दूंगा।"

"तेरी मर्जी नहीं चलेगी तू कानपुर नहीं अस्पताल जा।"

पूरन दाज्यू ने बहुत करुण स्वर में बहुत बार पाँच सौ रुपये माँगे हर बार उत्तर ना ही मिला।

मेरे पर्स में पाँच सौ रुपये थे , मन हो रहा था निकाल के दे दूँ.....एक बार तो रुपये निकाल भी लिये थे ...पर क्या करूँ देने का साहस नहीं हुआ। काश! मैं रुपये दे देती तो कितना अच्छा होता , किन्तु नियति पर किसका बस चला है।

अचानक पूरन दाज्यू ने चित्रा से कहा,

" चना मेरा बक्सा निकाल दे मैं जा रहा हूँ।"

"दाज्यू पिताजी को आने दो ..फिर चले जाना।"

" नहीं मैं अभी जाना चाहता हूँ, मैं बक्से को छोड़

जाता...पर नहीं छोड़ सकता क्योंकि उसमें मेरी माँ की तस्वीरें हैं जो मैंने बनायी है, कुछ उनकी चीजें हैं ,जिनमें उनकी यादें

है। ये बक्सा भी मेरी माँ का है। तू मेरा बक्सा ला दे चना, जो भाग्य में लिखा है उसे तो होना ही है।"

मैंने देखा चित्रा एक टिन का पुराना जंक लगा छोटा सा बक्सा ला रही है। बक्सा पूरन दाज्यू को दे दिया गया। कोई कुछ न बोला पूरन दाज्यू चले गये।

दिसम्बर की सर्द रात पूरन दाज्यू भूखे पेट, दुखी हृदय लेकर घर से चल दिये, कहाँ गये होंगे.....यही सोचते रही रात भर, नींद नही आयी , नज़रों के आगे पर्स में रखा पाँच सौ का नोट मुझे रह -रह कर चिढ़ा रहा था।

कभी-कभी साहस की भी जरूरत होती है ज़िन्दगी में,

मैं तो हमेशा से कायर ही थी...।

उस दिन मैं स्टेशन से अपनी किसी दोस्त को छोड़कर आ रही थी। रविवार था मैंने सोचा घर जाते समय सब्जी भी लेती जाऊँ। पिता जी भी ख़ुश हो जायेंगे ...सब्जी सदैव पिताजी ही लाते थे। वैसे मुझे सब्जियों की उतनी परख नहीं थी फिर भी सब्जियां खरीदना अच्छा लगता था।

मैं सब्जी मंडी पहुँचने ही वाली थी कि मैंने एक कतार में बैठे कुछ भिखारी देखे , मैं सब के कटोरों में पैसे डालते जा रही थी। तभी मैंने देखा एक भिखारी जो मुझे देख कर मुँह फेर रहा था , मैं जैसे ही उसके कटोरे में पैसे डालने लगी थी कि ...मेरे हाथ से पैसे छूट गये , सर चकराने लगा ...अरे ये तो पूरन दाज्यू हैं। मैं कुछ कहती इससे पहले वो वहाँ से उठे और तेज -तेज कदमों से जहाँ को कदम पड़े चल पड़े। मैं क्या करती? उनसे कुछ रिश्ता नहीं था ...मानवता का रिश्ता तो था। मैं पूरन दाज्यू के लिये कुछ न कर सकी।

मैंने ये घटना चित्रा को बतायी दुखी तो वो बहुत हुई , रोई भी पर किया कुछ नहीं , उसने मुझे इतना जरूर कहा कि,

" तू किसी से इस घटना का ज़िक्र मत करना।"

मैंने कहा,

" ज़िक्र करने के लिये कुछ भी तो नहीं है ...क्या कहूँगी?"

करीब एक महीने के बाद शाम को बड़ी उदास सी चित्रा मेरे घर आयी , वो बहुत दुखी दिख रही थी ...बैठी नहीं मैं बोली ,

"बैठ जा चित्रा तू खड़ी क्यों है?"

फिर भी वो खड़ी रही और दीवार को देखती रही , मैंने उसे झकझोरा और कहा,

" क्या हुआ बोलती क्यों नहीं ?"

मेरा ऐसा कहना ही था कि चित्रा की आँखों से आँसू टपकने लगे ...रोत-रोते वो बोली " पूरन दाज्यू नहीं रहे म्युनिसिपलिटी वालों से पता चला।"

"ये क्या सुन रही हूँ।"

इतना कह कर मैं चित्रा से लिपट कर रोने लगी ...फिर हम बहुत देर तक चुपचाप सोफे पर बैठे रहे...।

# देशभक्ति

स्थायी शिक्षका मैं नहीं रही क्योंकि मेरे पति का स्थानांतरण होता रहता था। हिन्दी साहित्य में शोध करने का मन था , प्रारम्भ किया ,दो तीन महीने रिसर्च स्कालर भी रही किन्तु पारिवारिक कारणों से छोड़ना पड़ा और फिर कश्मीर से कन्याकुमारी तक अपने परिवार के साथ घूमती रही अच्छा लगा।

इन दिनों में जब जो भी स्कूल मिलता वहाँ शिक्षिका बन कर अध्यापन करती,अधिकतर केन्द्रीय विद्यालय मैं पीजीटी हिंदी रही।

तब हम फिरोजपुर (पंजाब) में थे अपने बेटे के एडमिशन के लिये मैं केन्द्रीय विद्यालय गयी , तभी मैंने प्रधानाचार्य से कहा था कि यदि कभी कोई स्थान रिक्त हो तो मैं विद्यालय में पढ़ाना चाहूंगी यदि आप उचित समझें तो मुझे सूचित कीजिए।

एक दिन स्कूल ने मुझे बुलाया मैं अपने सर्टिफिकेट , अनुभव प्रमाण पत्र आदि लेकर प्रधानाचार्य कार्यालय में पहुँची किन्तु प्रधानाचार्य महोदय ने ये सब कुछ नहीं देखा और न कुछ पूछा, सिर्फ़ ये कहा,

" आपको 11वीं कक्षा में पढ़ाना है यदि आप एक घंटा पढ़ा पायीं तो आपको पीजीटी हिन्दी के रूप में पढ़ाने का अवसर दिया जायेगा ...फिर उन्होंने कहा " इस कक्षा के विद्यार्थियों ने

तीन शिक्षकों को दस मिनट भी क्लास में नहीं रुकने दिया अब आपको देखते हैं।"

फिरोजपुर का ये विद्यालय नामी विद्यालय था (अब भी होगा) यहाँ के बच्चे प्रतिष्ठित संस्थानों के लिये चुने जाते रहे हैं।

हिन्दी अनिवार्य नहीं थी , कुछ बच्चों ने बायोलॉजी के स्थान पर हिन्दी विषय लिया था ..बच्चे प्रतिभाशाली थे इसलिये हिन्दी को अधिक महत्व नहीं देते थे।

प्रिन्सिपल साहब ने मुझे कक्षा दिखायी..मेरे हाथ में पाठ्यपुस्तक दी और कहा,

"आप इस कहानी को पढ़ाएं।"

मैंने देखा ये मन्नू भंडारी की कहानी 'दो कलाकार' थी

मैंने कक्षा में प्रवेश किया बच्चों ने अच्छे से अभिवादन किया मैंने उन्हें गद्य की पुस्तक निकालने को कहा , और बोली मैं 'दो कलाकार' कहानी पढ़ाऊंगी , देख रही थी किसीने पुस्तक नहीं निकाली , मैंने भी पुस्तक नहीं खोली ..पढ़ाना आरम्भ किया किन्तु बच्चों का मन पढ़ने को नहीं था, अजीब-अजीब आवाजें निकाल रहे थे।

सब कुछ अनदेखा कर मैं पढ़ाने लगी मैंने कहानी पहले पढ़ी थी समझी थी। हिन्दी कहानी के इतिहास से प्रारम्भ किया।

हिन्दी साहित्य की प्रथम कहानी या गद्य रचना

" रानी केतकी की कहानी" जो इंशा अल्ला खाँ ने लिखी थी से शुरू कर मैं प्रसिद्ध कहानीकार मन्नू भंडारी पर आयी , मैं धाराप्रवाह बोल रही थी। मुझे घबराहट भी क्यों हो? नौकरी करना मेरी विवशता न थी , बस पढ़ाना अच्छा लगता था। कुछ

समय पश्चात मैंने देखा पूरी कक्षा मुझे सुन रही थी..मेरा उत्साह बढ़ रहा था , मैंने साहित्य में काफी पढ़ा था जो आज काम आ रहा था।

हिन्दी साहित्य को निरर्थक समझने वाली भावी पीढ़ी बड़ी उत्सुकता से मुझे सुन रही थी। कब समय बीता पता न चला ...अंततः मेरा चयन हो गया।

जब तक यहाँ रही पढ़ाया , अपने विद्यार्थियों से बहुत आदर , बहुत प्रेम मिला।

यों तो सभी बच्चे मुझे आदर देते थे किन्तु एक लड़का था विनीत वो मुझसे कुछ अधिक ही स्नेह करता था। हमारे ही घर के पास उसका घर था , उसके चलते उसके माँ बाप से भी अच्छी पहचान हो गयी थी। वो लोग अक्सर मुझसे पूछते- मैडम विनीत पढ़ने में कैसा है आगे क्या कर सकता है।

मैं यही कहती विनीत जो चाहता वही करने दीजिए।

" ये तो आर्मी में जाना चाहता है।"

"यदि इसकी रुचि है तो प्रयत्न करने दीजिए। "

विनीत और मैं एक ही बस से जाते थे, मैं देखती वो बस में सारे बच्चों को अनुशासित करता , छोटे बच्चों को पहले बैठाता , बच्चे उसका कहना मानते थे। जब कभी वो किसी कारण से अनुपस्थित रहता तो छुट्टी मिलते ही बस में बैठने के लिये भगदड़ सी मच जाती। प्राइमरी के छोटे बच्चों से उसका स्नेह देखते ही बनता था। विनीत किसी के कपड़े ठीक करता , किसी का बैग ठीक करता, किसी का छूट गया टिफिन उसके

बैग में रखता तो किसी की पानी की बॉटल पकड़ाता। एक बड़े भाई की तरह ही वह उन छोटे बच्चों देखता था।

उसकी तरह विनम्र , आज्ञाकारी , मेहनती विद्यार्थी मैंने कभी देखा न था। अन्य विद्यार्थी जहाँ गुड मार्निंग या नमस्ते करते

वहीं विनीत सभी शिक्षकों के पाँव छूकर प्रणाम

करता। मैं उससे बहुत स्नेह करती थी जब भी समय मिलता वो हमारे घर आता। मेरा बेटा जो कि पहली कक्षा में पढ़ता था , उसके लिये तो वो सगे भाई की तरह था , स्कूल या घर में यदि अपने किसी साथी से झगड़ता तो वे मुझसे नहीं विनीत से शिकायत करते , अनजान लोग तो दोनों को सगा भाई समझते थे।

स्कूल में विनीत का बहुत नाम था , पूरे स्कूल के विद्यार्थी उसके एक इशारे पर कुछ भी कर सकते थे।

प्रार्थना स्थल पर सबको सुन्दर ढंग से अनुशासित करना विनीत का ही काम था।अपने घर में भी वो अपने छोटे भाई- बहनों को एक अभिभावक की तरह देखता।

उसे देखकर मैं सोचती ..विनीत के माँ बाप कितने भाग्यशाली हैं।

एक दिन अचानक हमारा ट्रांसफर आर्डर आ गया , ट्रांसफर बरेली हुआ था। बरेली मैं कब से जाना चाहती थी। बरेली में हमारे बहुत से रिश्तेदार थे , सभी लोग ख़ुश थे।वैसे तो मैं भी बहुत ख़ुश थी , बस विनीत के लिये सोचती। विनीत को मैं पुत्रवत प्रेम करती थी , उससे बिछड़ने का दुख होता था।

जिस दिन हम बरेली जा रहे थे उस दिन हमें वो स्टेशन तक छोड़ने आया , रास्ते के लिये खाना भी उसकी माँ ने बनाकर दिया था।

विदा की बेला भी क्या होती है , जब जुदाई निश्चित है तो फिर मिलना भी क्यों होता है। ऐसे ही विचार मन - मस्तिष्क में उठ रहे थे। विदाई बहुत जगहों से हुई थी हर बार मन दुखी हुआ था। मिलना और बिछड़ना संसार का अमिट सत्य है। प्रत्येक मनुष्य को इसका सामना करना ही पड़ता है यही सोचकर मैं स्वयं को समझा रही थी।

हम लोग ट्रेन में बैठ गए , ट्रेन चलने वाली थी , विनीत खिड़की के पास खड़ा था मैं भी मौन थी, कहना तो बहुत कुछ चाहती थी किन्तु मुँह से एक शब्द न निकला, विनीत भी ख़ामोश और उदास था।

अब नयी जगह नये लोग थे मैं अपना सामान व्यवस्थित कर रही थी। धीरे-धीरे मन लगने लगा आस -पास के लोगों से मित्रता होने लगी !

विनीत के पत्र आते थे , उसके पत्रों से पता चला कि वो NDA की तैयारी कर रहा है। उसका एक ही सपना था अपने देश की सेवा करना। मैं भी ख़ुश थी यह देखकर कि उसके मन में देश और देशवासियों के लिए बहुत प्रेम है।

एक दिन गेट से फोन आया आपके मेहमान आये हैं। मैंने कहा भेज दीजिए , मैं दरवाजा खोलकर प्रतीक्षा करने लगी तभी देखती हूँ विनीत एक लड़की के साथ आ रहा है। मैं अगवानी के लिये दरवाजे से बाहर आ गयी , विनीत पहले से अधिक स्मार्ट हो गया था। उसके साथ जो लड़की थी वो भी बहुत

प्यारी , बहुत ख़ूबसूरत थी। दोनों ने झुककर मुझे प्रणाम किया , मैंने आशीर्वादों से उनकी झोली भर दी, सुन्दर शुभ भावनाओं के अनगिनत सुन्दर पुष्प उन पर बिखेर दिये।

उनको घर के अन्दर लायी और सोफे पर बैठने को कहा,बैठने से पहले उसने अपनी संगिनी की ओर इशारा कर कहा,

मैडम ये मीना है मेरी मंगेतर संयोग से इसका घर रुद्रपुर में है। कल मैं कुछ काम के लिये आया था सोचा आपसे मिला दूँ।फिर सारी बातें बताई अपने बारे में मीना के बारे में।उसने ये भी बताया कि मीना रुद्रपुर के किसी स्कूल में टीचर है। मैंने उनका हृदय से स्वागत किया , मन ही मन विनीत को जाने कितनी शुभकामनाएं, कितनी दुआएं दे डाली। आज मुझे लगा कि खून के रिश्ते ही सबकुछ नहीं होते कभी- कभी भावनाओं के रिश्ते आत्मीयता के शिखर तक पहुँच जाते हैं। यही मेरे साथ हो रहा था , विनीत के लिये मेरा हृदय ममत्व से छलछला रहा था ऐसा लगता था मैं सचमुच उसकी जन्मदात्री हूँ।

कुछ समय पश्चात विनीत का पत्र आया-

"परम पूजनीय माँ स्वरूपा मैडम

चरण स्पर्श

मैडम आज मेरे जीवन का सबसे सुनहरा दिन है। आपके आशीर्वाद से मैं NDA में निकल गया हूँ। अपने देश की तन-मन से सेवा करूंगा , यही मेरे जीवन का एक सपना है, यही मेरे जीवन का ध्येय है। बचपन से ही मुझे फौज की वर्दी से बहुत प्रेम था। कभी मैं जब फौज की बसों का क़ाफ़िला जाते देखता तो मन एक अनोखी ख़ुशी से अभिभूत हो जाता था। जब

तक हरी झंडी न आ जाये तब तक मैं अपलक काफ़िले को देखता रहता था।

फूल -पत्ती वाली यूनिफॉर्म पहने जवान मुझे रोमांचित करते थे। आज मेरा सपना पूरा हुआ मुझे अपनी मंजिल मिल गयी।

अगले हफ्ते ट्रेनिंग के लिए जा रह हूँ ! ये सब आपके मार्गदर्शन से संभव हुआ।

विनीत"

विनीत का पत्र पढ़कर मुझे अतीव हर्ष हुआ ऐसा लगा जैसे मेरा ही संजोया कोई सपना पूरा हो गया हो।कभी - कभी जीवन में ऐसा भी होता है ...कोई अजनबी अपने बहुत करीब हो जाता है।

समय व्यतीत होते जारहा था ,मैं भी घर गृहस्थी के कामों में डूब गयी थी। हर हफ्ते हल्द्वानी जाती वहाँ बहुत रिश्तेदार थे ...दिन खूब मजे में बीतने लगे। वैसे भी घर के पास पोस्टिंग से जहां अपनों का स्नेह मिलता है वहीं कर्तव्य भी बढ़ जाते हैं। गाँव से भी लोग आते रहते , कुल मिलाकर ज़िन्दगी आराम से बीत रही थी।विनीत के पत्र भी आते रहते थे। अब उसकी ट्रेनिंग पूरी हो गयी थी। उसको पहली पोस्टिंग जम्मू में मिली थी , वो अपने काम से ख़ुश था। आये दिन उसकी बहादुरी और इंसानियत के किस्से कभी उससे, कभी उसके किसी सहपाठी से, कभी अखबार से पता चल जाते थे। उसने बहुत से आतंकवादियों को पकड़ा, बहुत सारे हथियार पकड़े तथा बहुत सारा गोला बारूद पकड़ा। उसे इसके लिये अनेक रिवार्ड मिले। उसका नाम आतंकवादियों के हिट लिस्ट में था।एक बार उसकी माँ मेरे

पास आयी, और कहने लगी, " मैडम ज़रा विनीत को समझा दीजिए कि वो इस तरह अपनी जान जोखिम में न डाले।"

मैं चुप रही , क्या कहती वो तो भारत माता का सच्चा सपूत था।

मेरे हर दिन का आरम्भ सुबह का अखबार पढ़ने से होता है। वो एक मनहूस सुबह थी मुख पृष्ठ पर हृदय विदारक समाचार था।

आतंकवादियों के साथ मुठभेड़ में कैप्टन विनीत शहीद।

साथ में विनीत की तस्वीर भी थी ...संदेह का कोई कारण नहीं था ! मेरे हाथ से अखबार नीचे गिर गया चाय का कप भी साथ में फर्श पर गिरकर चकनाचूर हो गया।

उसकी माँ का ,उसके पिता का, उसकी मंगेतर का चेहरा बहुत देर आँखों के आगे घूमता रहा। पल भर के दुख के पश्चात मन शान्त हो गया। एक सैनिक के लिये इससे अधिक सौभाग्य क्या हो सकता है ....कि वो समय आने पर अपने देश के लिये अपने प्राणों की आहुति दे, अपनी मातृभूमि का सम्मान बढ़ाये।

वो यही चाहता था उसका सपना सच हुआ। उसने अपना यौवन अपने वतन के लिए न्योछावर कर दिया।

मैंने मन ही मन शहीद के लिये सर झुकाया और कहा

तुम्हें सदैव याद करूंगी विनीत...।

तुम मरे नहीं ...तुम मर नहीं सकते तुम मर कर अमर हो गये !

*************************************************

www.ingramcontent.com/pod-product-compliance
Ingram Content Group UK Ltd.
Pitfield, Milton Keynes, MK11 3LW, UK
UKHW040009200726
13854UKWH00001B/110

9 789393 809216